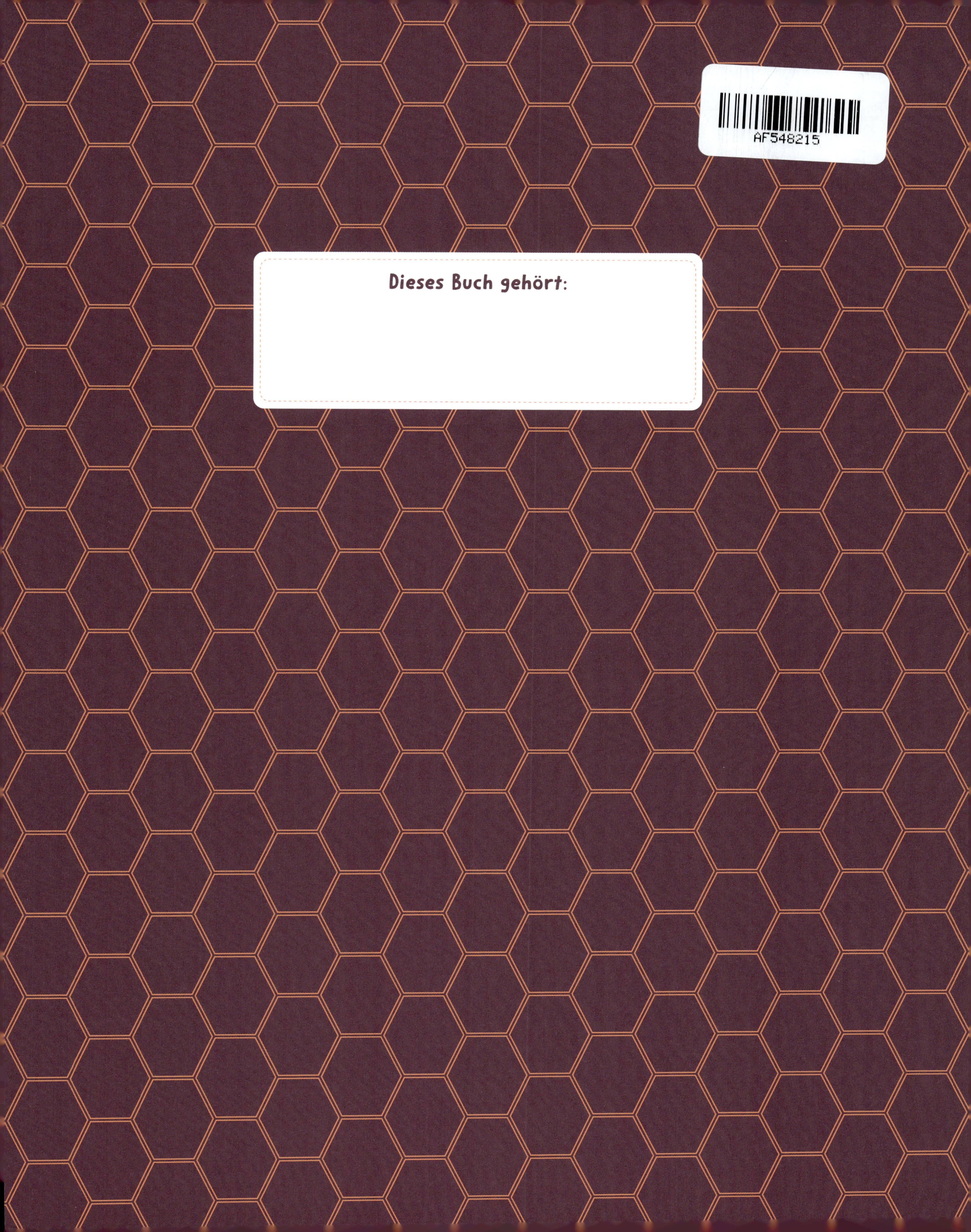
Dieses Buch gehört:

3. Auflage, 2025

Text: Copyright © 2024 by Johanna Prinz
Dieses Werk wurde vermittelt durch die Michael Meller Literary Agency GmbH, München
Illustrationen: Copyright © 2024 by Chantal Deschepper
Grafiken im Seitenhintergrund: stock.adobe.com
Buch- & Covergestaltung: Doris Grüniger, buchundgrafik.ch
Fachlektorat: Cornelis F. Hemmer, Initiative Deutschland summt!
Fachkorrektur: Besonders danken möchten wir Lisa Stossun vom Vorstand des Imkervereins Lübeck 1884 e.V. sowie Herrn Dr. Sebastian Spiewok, stellvertretender Chefredakteur des Deutschen Bienen-Journals, für ihre Fachkorrektur und Anregungen zu unserem Buch. Ebenso sei Eva Rieber vom NABU Mecklenburg-Vorpommern für ihre wertvollen Hinweise gedankt.
Korrektorat: Susanne Rauchhaus
Druck & Bindung: Finidr, Tschechien

Printed in EU

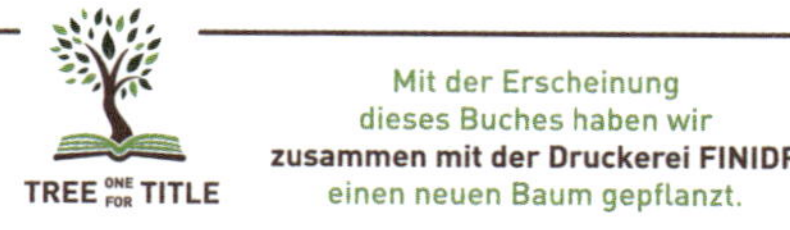

ISBN 978-2-9701720-4-8

Mehr Inspirationen, spannende Bücher und Spiele findet ihr auf:
www.leman-publishing.com

 Folgt uns auf Instagram: @lemanpublishing

JOHANNA PRINZ
mit Illustrationen von
CHANTAL DESCHEPPER
Bienen
WILDE HELFER DER NATUR
Léman Publishing

INHALT

Symbole im Buch

 Fun Facts

 Spiel

 Aktion

 Rekorde

 Quiz

 Spezialwissen

 Steckbriefe

WAS IST EIGENTLICH EINE BIENE?

Wenn es um Bienen geht, denken die meisten Menschen zuerst an die Honigbiene. Klar, die kennt jeder wegen ihres leckeren Honigs. Doch wusstest du, dass „Biene“ nur ein Begriff für sehr viele verschiedene Insektenarten ist? Hummeln zum Beispiel gehören auch zu den Bienen. Genauso wie die zahlreichen Arten von Wildbienen, die es gibt. Um Honigbiene, Hummeln und Wildbienen geht es in diesem Buch.

Während Honigbienen und Hummeln leicht zu erkennen sind, ist das Bestimmen von manchen anderen Bienenarten eher wie ein Rätselraten. Doch wenn du erst mal ein paar Arten kennst, siehst du sie plötzlich überall. Nicht alle Bienen leben gleich. Einige versammeln sich in großen Gruppen und leben in einem gemeinsamen Nest. Andere leben solitär – das bedeutet alleine. Diese Bienen nennt man Solitärbienen.

Welches Tier ist eine Biene?
Kreise ein!

Spezialwissen: Was sind Immen?

Imme ist ein anderes Wort für Biene.
Ein Imker oder eine Imkerin ist jemand, der dafür sorgt, dass es den Honigbienen gut geht, und der sich um ihre Bienenstöcke kümmert. Denn Honigbienen leben längst nicht mehr nur in wilden Nestern. Im Gegenteil: Meistens lebt ein Bienenstaat in einem künstlichen Bienenstock. Und den muss dann ein Mensch pflegen. Es heißt, die Honigbiene sei das kleinste Nutztier des Menschen. Hättest du gerne ein Bienenvolk bei dir zu Hause?

WILDE HELFER DER NATUR

Eigentlich sind Bienen nicht nur Helfer der Natur, sondern auch selbst ein Teil davon. Sie sind in ein Netzwerk aus Pflanzen und Tieren eingebunden.

Nützliche Bienenprodukte

Vieles, was Honigbienen herstellen, ist auch für uns Menschen nützlich: Bienenwachs zum Beispiel. Und natürlich der leckere Honig. Wenn du im Buch weiterliest, erfährst du, welche Produkte noch von Bienen stammen. Schreibe sie hier auf, wenn du sie im Buch entdeckst! Findest du heraus, wozu die Produkte verwendet werden?

1 _ o _ _ g

2 B _ _ n _ _ w a _ _ _

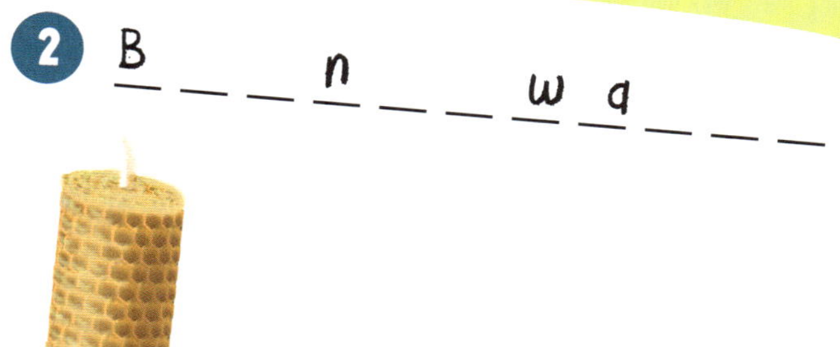

Schreib dazu, wofür das Produkt genutzt wird!

4 G _ _ é e _ o y _ l e

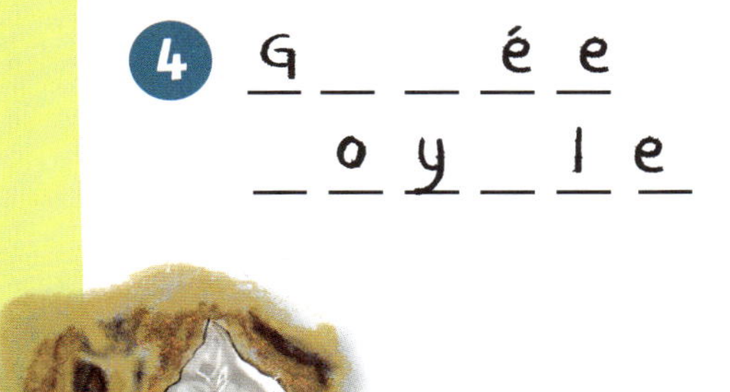

3 P _ _ p o _ i _

WARUM LEBEN MANCHE BIENEN ALLEIN?

Anders als Hummeln oder Honigbienen leben Solitärbienen allein. Sie kommen ohne Artgenossinnen und Königin klar. Auch wenn sie auf keine Nestgemeinschaft bauen, haben sie andere Wege gefunden, um erfolgreich zu sein.

DIE HONIGBIENE

Die Honigbiene gehört zu den Insekten. Das kannst du schon anhand ihres Körpers erkennen. Der ist nämlich ganz deutlich in drei Teile geteilt: Kopf, Brust und Hinterleib. Außerdem hat sie sechs Beine. Typisch Insekt! Eine Honigbiene hat keine weiche Haut, sondern einen harten Panzer. Dieser besteht aus einem Stoff namens Chitin. Das Chitin ist ebenfalls typisch für Insekten. Es macht auch die Hülle von Käfern oder Heuschrecken stabil. Der Stachel der Honigbiene sitzt am Hinterende ihres Körpers. Sie benötigt ihn, um sich zu verteidigen.

Ein Bienenvolk besteht aus einer Königin und Tausenden von Arbeiterinnen. Im Frühling und Sommer kommen noch die männlichen Bienen hinzu. Sie heißen Drohnen.

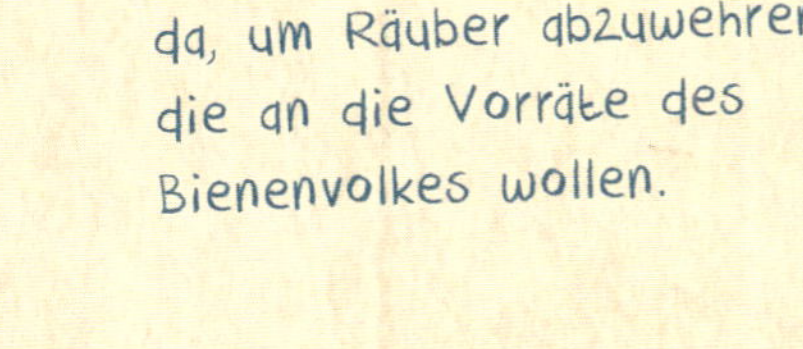

Der Stachel ist vor allem da, um Räuber abzuwehren, die an die Vorräte des Bienenvolkes wollen.

HAU AB ODER ICH STECHE DICH!

Damit die Honigbiene ihre Feinde ordentlich abschrecken kann, ist ihr Hinterleib besonders beweglich. So kann sie ihren Stachel gut und treffsicher einsetzen. Normalerweise stechen Honigbienen aber gar nicht. Das geschieht nur dann, wenn sie sich bedroht fühlen. Menschen stechen sie eher aus Versehen – zum Beispiel, wenn sie unter einen Fuß oder ins T-Shirt geraten. Dann wird der Bienenkörper gequetscht und die Biene wehrt sich.

Kann man Bienen füttern?

Am besten kannst du Bienen füttern, indem du Blumentöpfe mit blühenden Pflanzen aufstellst, die viel Nektar liefern. Der Tipp, Honigwasser anzurühren, ist leider nicht so gut. Über den Honig können Bienenkrankheiten übertragen werden, die den Bienenlarven sehr schaden würden.

Nützlich ist auch eine Bienentränke: Fülle eine flache Schale oder einen Blumenuntersetzer mit Wasser. Lege Steine oder Äste mit hinein, auf denen die Bienen sitzen können. Ist das Wasser dafür zu tief, eignen sich Korken – die können schwimmen.

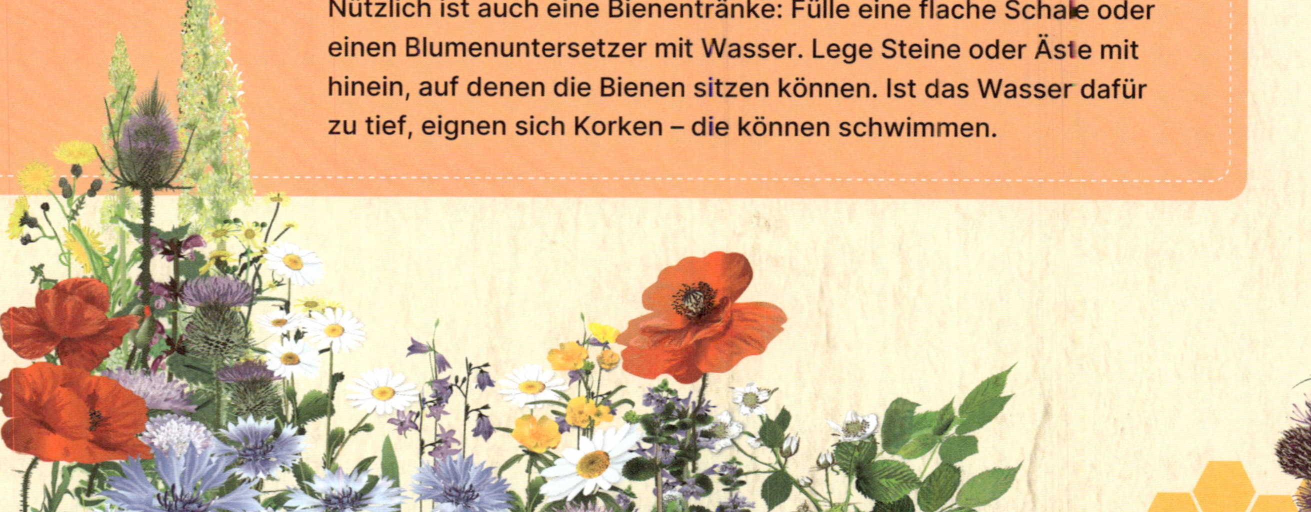

1 Bienen haben Facettenaugen, die aus mehreren Tausend Einzelaugen bestehen. Winzige Punktaugen auf der Stirn reagieren auf Licht.

3 Bienen können bis zu 200-mal pro Sekunde mit den Flügeln schlagen.

2 Die Fühler der Bienen nennt man Antennen. Sie können mit ihnen riechen, schmecken und Vibrationen wahrnehmen.

4 Als Mundwerkzeuge haben Bienen einen Rüssel mit einer dünnen Zunge. Hiermit nehmen sie Flüssigkeiten auf. Schmecken können Bienen damit aber wahrscheinlich nicht.

5 Der staubige Pollen bleibt im Haarkleid der Bienen hängen. Mit den Beinen wird er herausgekämmt und an den Hinterbeinen zu sogenannten Pollenhöschen zusammengepresst.

HONIGBIENE GANZ NAH! Wenn du ganz genau hinschaust, kannst du den weichen Flaum erkennen, mit dem der Bienenkörper bedeckt ist. Und wenn du schon mal dabei bist ... guck dir doch auch die Flügel an. Siehst du es? Es gibt auf jeder Körperseite einen Vorderflügel und einen Hinterflügel. Diese sind miteinander verhakt, sodass sie wie ein einziger Flügel wirken.

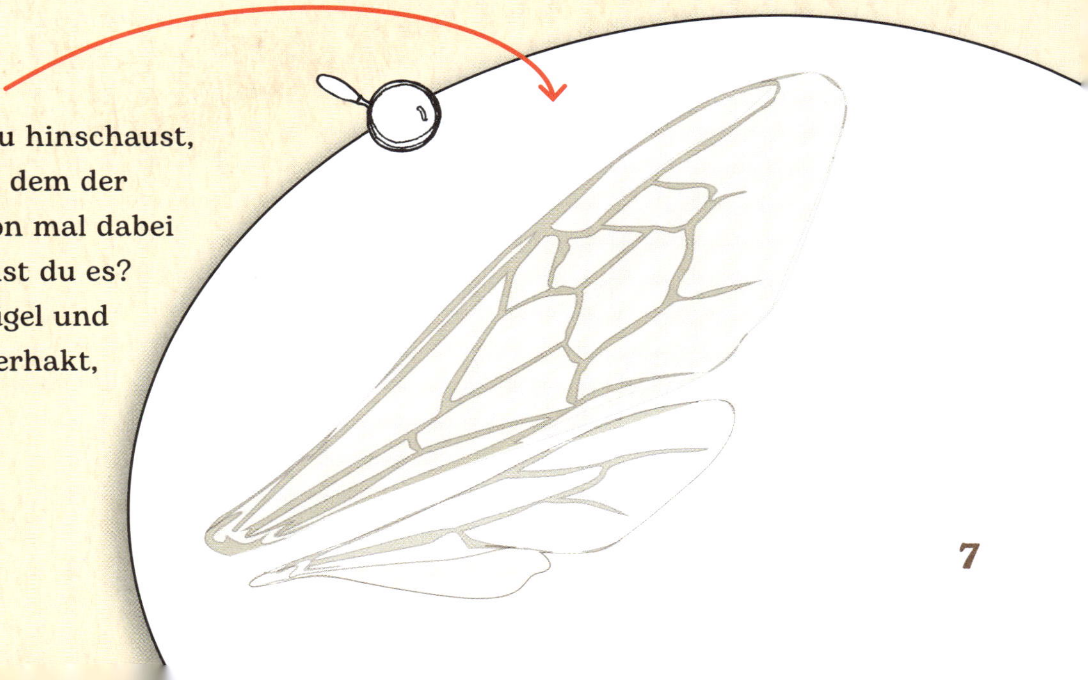

WIE LEBEN HONIGBIENEN?

Die Honigbiene lebt in großen Gruppen, den sogenannten Staaten. In einem Bienenstaat können mehrere Zehntausend Bienen zusammenleben, und das, ohne sich dabei zu streiten. Fast immer ist das Zuhause der Tiere eine Art künstliche Nisthöhle: die Bienenkiste. Das ist ein Kasten, in dem die Bienen Schutz vor Wind, Regen, Kälte und Hitze finden. In einer Bienenkiste hängen mehrere Wachsplatten. Bienenvolk und Kiste zusammen heißen Bienenstock.

Honigbienen sind Wildtiere, die aber nur selten wirklich wild leben. Die meisten Bienen werden als Nutztiere gehalten und leben in einer künstlichen Bienenkiste. Diese besteht aus mehreren Teilen. In ihrem Innenraum legen die Bienen verschiedene Nestbereiche an.

Der Deckel des Bienenkastens schließt dicht und schützt vor Sonne und Regen.

Ganz oben im Kasten befindet sich der Honigraum. Hier lagern die Bienen ihre Vorräte: Der gesammelte Nektar wird zu Honig verarbeitet und in Waben eingelagert.

Zwischen Honigraum und Brutraum befindet sich ein Absperrgitter für die Königin. Die passt, im Gegensatz zu den Arbeiterinnen, nicht hindurch. So wird verhindert, dass die Königin Eier in den Honigraum legt.

Die unteren Kästen sind die Bruträume der Bienenkiste. Hier legen die Bienen das Brutnest getrennt von den Honigvorräten an. Vorgefertigte Rahmen aus Holz hängen hintereinander in den Kästen. Die Wachsplatten darin dienen als Baugrundlage für die Waben.

Manche Bienenkisten haben nur einen Brutraum. Ein Bienenkasten kann aber auch mehrere Stockwerke haben.

Am Fuße des Bienenkastens befindet sich das Einflugloch zum Stock. Es ist häufig sehr flach und breit, damit sich die Bienen beim Ein- und Ausfliegen nicht in die Quere kommen.

DER BIENENSTOCK

Alle Honigbienen einer Bienenkiste zusammen heißen „Bienenvolk". Wenn ein Imker oder eine Imkerin ein neues Volk in einen leeren Bienenkasten setzt, ist es dort noch ziemlich kahl. Die flachen Wachsplatten hängen dicht hintereinander, aber es gibt noch keine Waben. Die müssen die Bienen erst bauen: aus Bienenwachs.

Bienenwaben bestehen aus vielen sechseckigen Zellen. Jede Zelle bildet eine abgeschlossene Kammer und kann mit einem Wachsdeckel verschlossen werden. Honigbienen ziehen in den Zellen ihren Nachwuchs groß. Übrigens: Wabenzellen sind sechseckig, weil die Bienen so die meisten Kammern mit der kleinsten Wachsmenge auf eine begrenzte Fläche bauen können.

Auch Menschen nutzen das Wachs der Honigbienen. Es riecht gut und man kann daraus zum Beispiel tolle Kerzen machen.

Wachsproduzenten

Früher dachte man, die Honigbienen müssten das Bienenwachs erst mühsam sammeln und in den Stock zurücktragen. Doch heute weiß man: Das stimmt nicht. Die Bienen können das Bienenwachs selbst herstellen. Sie sondern es ab und bauen damit Waben.

Im Laden findet man Bienenwachs, das zu gelben Platten zusammengepresst wurde.

Warum sind Wabenzellen sechseckig?

- ◯ Weil Bienen nur bis sechs zählen können. Nicht mehr und nicht weniger.
- ◯ Weil Bienen quadratische Formen und Röhren nicht mögen.
- ◯ Weil für sechseckige Wabenzellen am wenigsten Wachs benötigt wird.

Kerzen aus Bienenwachs

1. Lege die Wachsplatte vor dir auf den Tisch. Föhne eine Kante etwas weich. Pass aber auf, dass das Wachs nicht schmilzt. Lege den Kerzendocht an die Kante der Platte und rolle sie vorsichtig nach oben.

2. Rolle dann die Wachsplatte um den Docht herum zu einer gewickelten Kerze. Nutze wenn nötig die warme Föhnluft, um die Wachsplatte biegsamer zu machen.

Du brauchst:
- Wachsplatten aus Bienenwachs
- Kerzendochte
- einen Föhn

1

2

WAS SAMMELN HONIGBIENEN?

Bestimmt hast du es schon mal gehört: Bienen sammeln Honig. Doch stimmt das überhaupt? Das würde bedeuten, dass in jeder Blüte ein Honigtropfen zu finden wäre. Und das ist ja nicht so. Was sammeln also Bienen, wenn sie von Blüte zu Blüte fliegen? Honig jedenfalls nicht. Stattdessen sammeln sie auf ihren Nahrungsflügen zwei Dinge: Nektar und Pollen.

POLLEN heißt auch Blütenstaub. Für die Bestäubung muss er von einer Blüte auf eine andere gelangen.

Die **BLÜTENBLÄTTER** nennt man auch Kronblätter. Sie sind häufig bunt gefärbt und fallen dadurch auf.

Gelangt Blütenstaub einer fremden Blüte auf die sogenannte **NARBE,** wird die Blüte bestäubt. Der Pollen muss dabei von einer Pflanze der gleichen Art stammen. Ein Pollenschlauch wächst bis zum Fruchtknoten.

Am **BLÜTENKELCH** sitzen die grünen Kelchblätter und die bunten Kronblätter.

Der Pollenschlauch dringt in den **FRUCHTKNOTEN** ein und es kommt zur Befruchtung. Jetzt kann eine Frucht wachsen.

HONIGHERSTELLUNG

1 Blüten produzieren süßen, flüssigen Nektar.

2 Bienen sammeln Nektar. Dabei helfen sie unabsichtlich beim Bestäuben.

3 Den Nektar bringen die Honigbienen zurück in den Stock.

4 Im Stock wird der Nektar mehrfach von Honigbiene zu Honigbiene weitergegeben. Dabei verdickt er sich.

5 Der fertige Honig enthält wertvolle Stoffe, die die Bienen hinzugefügt haben. Er wird in Wabenzellen gefüllt.

6 Honig dient den Honigbienen als Nahrungsvorrat. Zum Beispiel im Winter.

Spezialwissen

Bienen lagern Honig in ihren Waben ein, bis sie ihn später benötigen. So haben Honigbienen auch im Winter Nahrung, wenn draußen keine Blüten wachsen.

Rezept für Honigplätzchen

Du brauchst:

- 1 Esslöffel Puderzucker
- 120 g Honig
- 1 Päckchen Vanillezucker
- 1 Ei
- 250 g Mehl
- 1 Teelöffel Backpulver

Mische die Zutaten zu einem weichen Teig. Rolle den Teig flach aus. Wenn er noch zu sehr klebt, kannst du etwas mehr Puderzucker hinzugeben. Stich die Plätzchen mit Plätzchenformen aus. Backe den Teig bei 180 °C (Ober- und Unterhitze) für etwa 10 Minuten.

WIE ENTSTEHT HONIG?

Das Innere einer Blüte enthält manchmal eine süße Flüssigkeit: den Nektar. Nicht alle Pflanzen bilden Nektar. Deshalb müssen die Honigbienen erst einmal herausfinden, welche Blüte sich lohnt. Haben sie eine gute Nahrungsquelle gefunden, trinken die Bienen den Nektar und transportieren ihn im Honigmagen in den Bienenstock. Dort geben die Bienen den Nektar weiter – von Biene zu Biene. Jedes Tier gibt wichtige Stoffe hinzu. So verändert sich der Nektar immer weiter, bevor er in Waben gelagert wird. Die Bienen fächeln Luft darüber und warten, bis genug Wasser verdunstet ist. Wenn der Honig dickflüssig und fertig ist, bekommt jede Zelle einen Deckel aus Wachs.

Spezialwissen

Honig verdirbt nicht im Stock, weil er nur wenig Wasser, aber viel Zucker enthält.

Landet eine Biene auf einer Blüte, wird sie mit trockenem Pollen der Pflanze bestäubt. Dieser Pollen heißt auch „Blütenstaub“. Das sieht dann so aus, als wäre die Biene mit gelbem oder orangefarbenem Pulver bedeckt. Doch das bleibt nicht lange so: Die Biene schiebt den Pollen zu ihren Hinterbeinen. Dort bildet er einen gelben Klumpen. Weil das so aussieht, als trüge die Biene eine Hose, sagt man dazu auch „Pollenhöschen“. Die Biene nimmt den Pollen als Nahrung für den Nachwuchs mit.

Spezialwissen

Honig kann verschiedene Farben haben – je nachdem, von welchen Pflanzen hauptsächlich der Nektar stammt.

Bei Honigbienen beliebt

Lavendel ist eine besonders bienenfreundliche Pflanze. Auch viele Menschen mögen den Duft der lilafarbenen Blüten. Lavendelpflanzen gibt es in vielen Baumärkten – manchmal sogar im Supermarkt. Nimm einen Topf mit in einen Park oder in deinen Garten. Sicher wirst du ruck, zuck zur Bienentankstelle. Zähle mal, wie viele Bienen auf deiner Pflanze landen.

Bienenspiel

Du brauchst:

Strohhalme
Seidenpapier, zu Bällchen geformt
Tisch

Mit dem Strohhalm werden Seidenpapiere („Nektar und Pollen“) angesaugt und so von einem Ort (den „Blumen“) zum anderen (dem „Bienenstock“) transportiert. Das Spiel geht alleine, als Gruppe oder mit gegnerischen Gruppen, bei der jede Gruppe innerhalb einer bestimmten Zeit so viel Nektar und Pollen wie möglich sammelt und Seidenpapiere zurück zur Gruppe bringt.

WARUM TANZEN BIENEN?

Honigbienen, die eine gute Nahrungsquelle gefunden haben, kehren mit viel Nektar zum Stock zurück. Nun wollen sie den anderen Bienen zeigen, wo die Blüten mit dem vielen Nektar zu finden sind. Gar nicht so einfach, wenn man so klein ist und die Entfernungen draußen so groß! Doch die Bienen haben einen Weg gefunden, ihren Artgenossinnen zu zeigen, wo sie hinfliegen müssen: Sie tanzen.

DER BIENENTANZ

Für eine Wegbeschreibung muss die Honigbiene den anderen Bienen zwei Dinge mitteilen: die Richtung, in die sie fliegen sollen, und die Entfernung zur Nahrungsquelle.
Und das geht so:

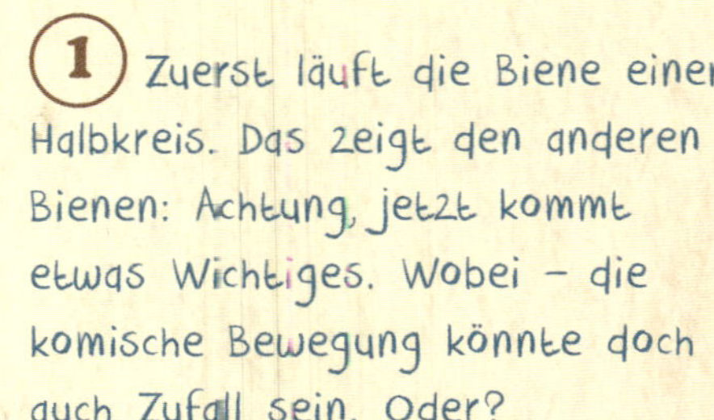

(1) Zuerst läuft die Biene einen Halbkreis. Das zeigt den anderen Bienen: Achtung, jetzt kommt etwas Wichtiges. Wobei – die komische Bewegung könnte doch auch Zufall sein. Oder?

(2) Am Ende des Halbkreises dreht die Biene plötzlich um. Nun läuft sie in eine Richtung, die den anderen Bienen die Lage der Nahrungsquelle zeigt. Dabei wackelt sie mit dem ganzen Körper hin und her. Das nennt man Schwänzellauf. Rund- und Schwänzellauf zusammen ergeben den Schwänzeltanz.

(3) Jetzt sind alle Bienen in der Umgebung aufmerksam geworden. Eine Biene, die tanzt, weiß, wo es etwas zu essen gibt. Da passt man besser auf, in welche Richtung sie tanzt.

Beobachte Bienen!

Setze dich neben eine Blumenwiese oder ein Beet mit blühenden Pflanzen. Beobachte, wie die Bienen von Blüte zu Blüte fliegen. Was passiert, wenn sie fertig gesammelt haben? In welche Richtung fliegen sie davon? Dort befindet sich wahrscheinlich der Bienenstock.

DER SCHWÄNZELTANZ

④ Nach ihrem Schwänzellauf stoppt die Biene wieder. Sie läuft einen neuen Halbkreis, bis sie wieder am Startpunkt angekommen ist. Dann tanzt sie von vorne: Halbkreis, wackelnde Linie, Halbkreis. Halbkreis, wackelnde Linie, Halbkreis.

Den Bienentanz entschlüsseln

Die wackelnde Gerade des Bienentanzes zeigt den anderen Honigbienen die Richtung, in der die Nahrung liegt. Genauer: Die Bienen vergleichen die Tanzrichtung mit dem Stand der Sonne. Sie erkennen, ob sich die Nahrung links oder rechts von der Sonne befindet, und erfahren sogar, wie weit links oder rechts vom Sonnenstand. Die anderen haben es ja schließlich deutlich getanzt.

Die Dauer des Bienentanzes gibt an, wie weit die Nahrung entfernt ist. Je näher die Futterquelle liegt, desto kürzer ist der Schwänzellauf und desto schneller tanzt die Biene insgesamt. Bei entfernteren Nahrungsquellen macht sie in derselben Zeit weniger Läufe. Sie zeigt damit den anderen Bienen, dass sie eine ganze Weile fliegen müssen.

Spezialwissen

Den Bienentanz kannst du leider nicht draußen auf einer Blumenwiese beobachten. Aber vielleicht gibt es in deiner Nähe ja ein Museum oder einen Verein mit einem gläsernen Bienenstock. Dort ist das Innere des Bienenstocks durch Glasscheiben begrenzt und du kannst die Honigbienen wie durch ein Fenster in ihrem Stock tanzen sehen.

DIE BIENENKÖNIGIN

Jedes Bienenvolk hat eine Königin. Die Bienenkönigin ist etwas größer als ihre Verwandten im Bienenstock und sie ist die einzige Honigbiene, die Eier legt. Du siehst sie fast nie, weil sie den Bienenstock kaum verlässt. Ihre einzige Aufgabe ist es, für genug Nachwuchs zu sorgen, damit das Bienenvolk überleben kann.

Verschiedene Bienen, verschiedene Körperformen: Die Königin (links) ist größer als männliche Drohnen (Mitte) und Arbeitsbienen (rechts).

SCHNUPPERTEST! Jede Biene verströmt ihren ganz eigenen Geruch. Dieser „beduftet" den ganzen Bienenstock. Nur wer den richtigen Duft trägt, darf in den Stock hinein. Bienen, die nicht richtig riechen, werden am Eingang aufgehalten. Ausgelöst wird der Geruch von Stoffen, die Pheromone heißen. Diese sind wichtig für die Kommunikation. Die Pheromone der Königin sorgen außerdem dafür, dass keine andere Biene Eier legt.

Rate mal! ?!

Wie viele Eier legt eine Bienenkönigin pro Tag?

20 2000 200

Du brauchst:

Wattepads

Dicht schließende Einmachgläser

Verschiedene Duftöle (z.B. Zitrone, Eukalyptus usw.)

Duftspiel

Dieses Spiel kannst du am besten mit mehreren Spielern spielen. Bildet Zweiergruppen.

1. Legt ein Wattepad in jedes Einmachglas.
2. Tropft einige Tropfen Duftöl auf die Watte und verschließt das Glas.
3. Mischt dann die Gläser. Jede Gruppe erhält ein Glas.
4. Legt gemeinsam fest, welcher Duft der Duft der Königin ist.
5. Testet dann gemeinsam die Düfte der Gläser, um herauszufinden, welches „Bienen-Team" zum Stock gehört – und welches nicht.

Was für ein Gedränge! Aber die Honigbienen finden sich trotzdem zurecht. Mitten zwischen den Arbeiterinnen sitzt die Bienenkönigin.

Findest du die Königin?

WIE WACHSEN BIENENKINDER HERAN?

Die Bienenkönigin legt pro Tag bis zu 2000 Eier. In jede Zelle eins. Das ist anstrengend, und die Königin kann keine anderen Aufgaben erfüllen. Stattdessen wird sie von den anderen Bienen gefüttert, geputzt und umsorgt. Aus den Eiern schlüpfen winzige, wurmförmige Larven. Daraus entwickeln sich später die Jungbienen.

1. Die Bienenkönigin legt ein winziges Ei in die Zelle. Ist das Ei befruchtet, entsteht daraus eine weibliche Biene. Ist das Ei unbefruchtet, wächst daraus ein sogenannter Drohn. So heißen die männlichen Bienen in der Fachsprache. Du kannst aber auch Drohne sagen.

Aus einem Ei schlüpft eine winzige Larve. Sie sieht aus wie ein kleiner, weißer Wurm. Nur wenn man ganz genau hinschaut, sieht man, wo der Kopf ist. Beine oder gar Flügel hat die kleine Larve noch nicht.

2. und 3. Einige Bienen des Bienenstocks sind Brutpflegerinnen. Das bedeutet, sie versorgen die frisch geschlüpften Larven. Sie füttern sie mit einem besonderen Futtersaft, dem Gelée royale.

4. Nach ein paar Tagen sind die Larven dick und rund. Dann fressen sie nur noch Pollen und Honig.

5. Wenn die Bienenlarven alt genug sind, bekommt die Zelle einen Wachsdeckel. Innen in der Zelle spinnt die Larve einen dünnen Faden und wickelt sich darin ein. So entsteht ein Kokon.

6. Im Kokon verändert sich die Larve: Sie ist nun eine sogenannte Puppe und bekommt Beine, Augen und Fühler.

7. Nun ist die junge Biene fertig und nagt sich einen Weg durch den Wachsdeckel ins Freie. Draußen wird sie von den anderen Bienen begrüßt.

Spezialwissen

Bienenkinder wachsen sehr schnell. Die Entwicklung vom Ei bis zur fertigen Honigbiene dauert 21 Tage. Wenn sich die junge Biene in ihrer Zelle vor dem Schlupf einhüllt, sagt man: Sie verpuppt sich. So eine Verpuppung gibt es auch bei anderen Tieren.

EINE VERWANDLUNG NAMENS METAMORPHOSE

Nicht nur Bienen machen eine deutliche Veränderung durch, bevor sie ausgewachsen sind. Auch Frösche und Schmetterlinge schlüpfen aus Eiern und sehen anschließend gar nicht aus wie zunächst vermutet. Die Verwandlung vom Ei über Larven bis zum erwachsenen Tier über mehrere Stadien heißt Metamorphose. Schau mal: Manche Tiere sehen als Jungtiere ganz anders aus als die Erwachsenen!

Male den Frosch und den Schmetterling aus!

Der **FROSCH** legt seine Eier ins Wasser. Daraus schlüpfen Kaulquappen, die später zu Fröschen werden.

Spezialwissen

Eine Metamorphose gibt es bei vielen verschiedenen Tierarten, zum Beispiel bei Libellen, Krebsen, Seeigeln, Kröten, Muscheln, Heuschrecken und vielen, vielen mehr.

SCHMETTERLINGE legen winzige Eier, aus denen Raupen schlüpfen. Diese wachsen, verpuppen sich, machen eine Verwandlung durch und werden dann schließlich zum Schmetterling.

VERSCHIEDENE BIENEN – VERSCHIEDENE AUFGABEN

Jede Arbeiterin des Bienenstocks hat eine feste Aufgabe. Doch diese kann sich im Laufe der Zeit verändern. Es gibt schließlich so viel zu tun im Stock! Jemand muss aufräumen, neue Waben bauen oder die Larven füttern.

Und natürlich gibt es Wächterinnen, die aufpassen, dass sich niemand unbemerkt einschleicht. Welche Aufgabe eine Honigbiene im Stock erfüllt, hängt davon ab, wie alt sie ist. Aber auch ein wenig davon, was gerade erledigt werden muss.

LEBENSZYKLUS EINER HONIGBIENE

DAS LEBEN EINER HONIGBIENE NACH DEM SCHLUPF

1.–2. Tag: Putzbiene
Die erste Aufgabe einer neuen Honigbiene ist das Reinigen der Zellen.

3.–5. Tag: Ammenbiene
Wird die Biene älter, wird sie von der Putzbiene zur Ammenbiene. Dann füttert sie die Larven mit Pollen und Honig.

6.–12. Tag: Ammenbiene
Wenn sie noch älter wird, kann die Ammenbiene auch selbst Nahrung herstellen. Die Flüssigkeit aus ihren speziellen Drüsen, das Gelée royale, gibt sie an die jüngsten Larven und die Königin weiter.

13.–17. Tag: Baubiene
Nach ihrer Zeit als Amme übernimmt die Biene den Wabenbau. Sie legt innerhalb der großen Wabe neue Zellen an und repariert Schäden.

Ab dem 18. Tag: Orientierungsflüge
Junge Bienen lernen die Umgebung ihres Stocks kennen, indem sie kurze Ausflüge unternehmen. Dabei entfernen sie sich anfangs kaum vom Einflugloch. Später fliegen sie weiter und bringen Nahrung zurück zu den Waben.

19.–21. Tag: Wächterbiene
Ist die Honigbiene fast ausgewachsen, wird sie zur Wächterbiene. Sie passt auf, dass niemand in den Stock gelangt, der nicht zum Bienenvolk gehört.

Ab dem 22. Tag: Sammelbiene
Bienen, die mindestens drei Wochen alt sind, verlassen regelmäßig den Stock. Sie suchen in der Umgebung nach Nahrung und bringen Nektar und Pollen mit zurück.

Sonne als Kompass
Fliegt eine Biene vom Stock weg, merkt sie sich, wo sich die Sonne befindet. Auf dem Rückflug nutzt sie diese Information, um zu ihrem Bienenstock zurückzufinden.

Winterbienen

Eine Arbeitsbiene kann im Sommer bis zu sechs Wochen alt werden. Die Bienen, die im Herbst aus den Zellen schlüpfen, werden hingegen bis zu sieben Monate alt. Diese „Winterbienen" bleiben nach dem Schlupf im Stock und fressen sich ein Nahrungspolster für den Winter an. Sie überdauern die kalte Jahreszeit im Stock und ziehen im nächsten Frühjahr die ersten Larven groß.

Putzbiene

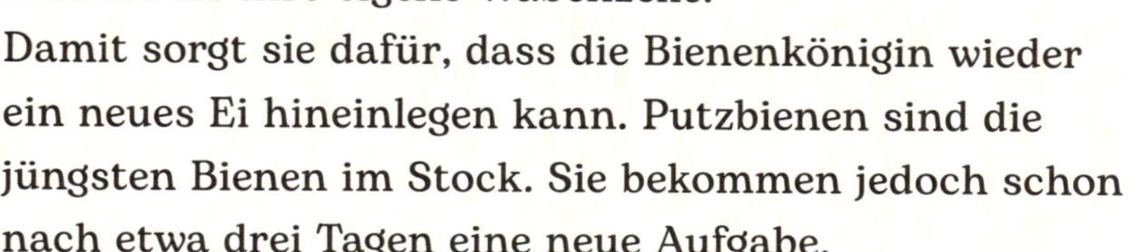

Schon kurz nach dem Schlupf bekommt eine junge Biene ihre erste Aufgabe: Sie putzt! Als Erstes säubert sie ihre eigene Wabenzelle. Damit sorgt sie dafür, dass die Bienenkönigin wieder ein neues Ei hineinlegen kann. Putzbienen sind die jüngsten Bienen im Stock. Sie bekommen jedoch schon nach etwa drei Tagen eine neue Aufgabe.

Kindermädchen

Als Nächstes übernimmt eine junge Biene einige Tage lang die Aufgabe des Kindermädchens. Ihre Aufgabe ist es, die Larven in ihren eigenen Wabenzellen mit Pollenbrei zu füttern. In dieser Zeit nennt man die Biene auch Ammenbiene. Weil sie selbst noch so jung ist, kann sie noch kein Gelée royale herstellen.

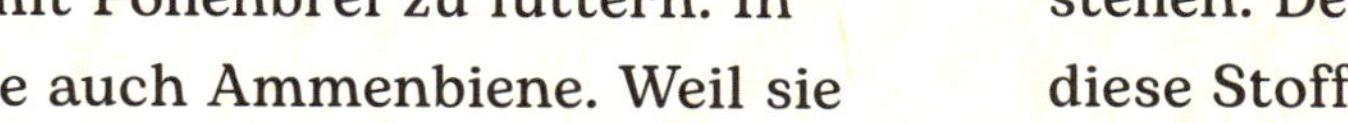

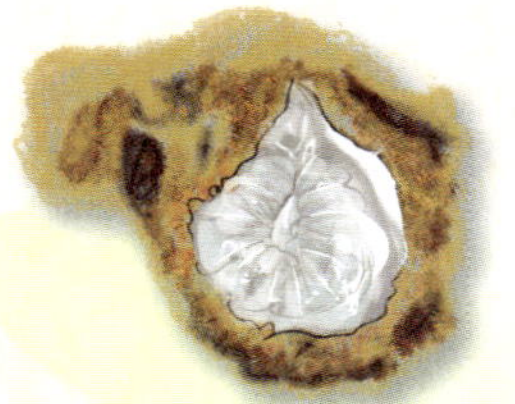

Ammenbiene

Ist die Biene etwa zehn Tage alt, haben sich die Drüsen an ihrem Kopf entwickelt, mit denen sie einen besonderen Futtersaft, das Gelée royale, herstellen kann. Nun kann die Ammenbiene auch die winzigsten Larven füttern. Denn diese können noch keinen Pollenbrei fressen.

Baubiene

Bienen, die etwa zwei Wochen alt sind, können nun auch Wachs ausschwitzen. Aus der Ammenbiene wird dann eine Baubiene. Mit dem selbst hergestellten Wachs baut die Biene Waben und stellt Deckel für die Zellen her.

Wächterbiene

Einige Tage später wechselt die Biene erneut die Aufgabe. Sie hält nun am Eingang des Bienenstocks Wache. Wächterbienen müssen kein Wachs und kein Gelée royale mehr herstellen. Deshalb bilden sich die Drüsen, die diese Stoffe herstellen können, zurück.

Sammelbiene

Ab einem Alter von etwa drei Wochen nach dem Schlupf verlässt eine Biene regelmäßig den Bienenstock. Draußen sammelt sie nicht nur Nektar und Pollen, sondern auch Wasser und Material, um Propolis herzustellen.

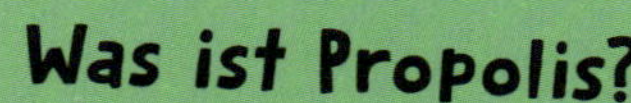

Was ist Propolis?

Damit es im Bienenstock nicht schimmelt und sich keine Krankheiten verbreiten können, verwenden die Honigbienen Propolis. Das ist ein Material, das die Bienen vor allem an Blütenknospen sammeln und dem sie etwas Wachs zumischen. Die Propolis wird als Baumaterial verwendet und sorgt dafür, dass keine Pilze oder Keime im Bienenstock wachsen können.

KANN EIN BIENENVOLK ZU GROSS WERDEN?

Im Laufe eines Jahres werden viele junge Bienen herangezogen. Andere werden alt und sterben. Trotzdem bleibt ein Bienenvolk nicht immer gleich groß. Wenn die Bienen genug Nahrung finden und die Umgebung geeignet ist, kann es passieren, dass es eng wird im Bienenstock. Die Honigbienen merken dann, dass sie langsam für das vorhandene Nest zu zahlreich werden. Ein Teil von ihnen muss also ausziehen.

Häufig erkennen die Bienen schon im Mai, dass der Bienenstock für sie zu klein wird. Deshalb beginnen sie damit, neue Bienenköniginnen aufzuziehen. Damit aus einer Larve keine normale Arbeitsbiene, sondern eine Königin wird, verändern die Ammenbienen das Futter.

Spezialwissen

Der Moment, in dem die Bienen den Stock verlassen, ist das sogenannte „Ausschwärmen". Ein Bienenschwarm folgt dann einem inneren Antrieb, der „Schwarmtrieb" heißt.

Während eine Arbeiterin mit sehr wenig Gelée royale, aber viel Pollen aufgezogen wird, bekommt eine neue Königin von Anfang an nur Gelée royale. Das besondere Futter sorgt dafür, dass sich eine neue Königin bildet. Kurz bevor die neue Bienenkönigin schlüpft, verlässt die alte Königin den Bienenstock. Dabei nimmt sie etwa die Hälfte des Bienenvolks mit.

Spezialwissen

Bienenköniginnen wachsen nicht in einer normalen Wabenzelle heran, sondern in einer speziellen Kammer. Diese Königinnenzelle hat eine besondere Form und heißt auch „Weiselzelle".

Die Pheromone, die Duftstoffe der Bienenkönigin, beduften den ganzen Stock. Nur wer riecht wie sie, wird am Eingang reingelassen.

Bienensummen

Das Summen einer Biene kennst du vielleicht schon. Doch hast du mal ganz genau hingehört? Viele Bienen zusammen klingen wie ein richtiges Summkonzert. Setze dich in einen Garten oder Park, am besten neben ein Beet mit blühenden Blumen. Schließe die Augen und horche auf das Bienensummen. Kannst du erkennen, aus welcher Richtung es summt?

WIE FINDET EIN SCHWARM EIN ZUHAUSE?

Ist die alte Bienenkönigin mit einem Teil des Volks davongeflogen, lassen sich die Tiere häufig an einem Ast nieder. Wo die Königin ist, da sind auch alle anderen Bienen. Um dauerhaft zu überleben, brauchen sie allerdings eine feste Unterkunft. Hier kommen Imker und Imkerinnen ins Spiel: Sie sammeln den Bienenschwarm ein und geben ihm eine leere Bienenkiste. Gäbe es die nicht, müssten die Bienen in natürliche Höhlen von Bäumen, in Mauern oder sogar in Kamine einziehen.

SIND ALLE BIENEN IM STOCK WEIBCHEN?

Ein Bienenvolk besteht fast das ganze Jahr über aus weiblichen Bienen. Erst im Frühsommer schlüpfen auch Männchen. Diese Drohnen sind längst nicht so zahlreich wie die weiblichen Bienen: Pro Bienenstock gibt es häufig nur ein paar Hundert Drohnen. Im Vergleich zu den Abertausenden von Arbeiterinnen ist das wirklich eine winzige Gruppe. Männliche Bienen entstehen, wenn die Bienenkönigin keine befruchteten, sondern unbefruchtete Eier legt.

Mit ihren Antennen nehmen Drohnen die Gerüche im Stock wahr. Ihre Facettenaugen sind größer als die der Arbeiterinnen.

Drohnen sind etwas größer als die Arbeiterinnen. Einen Stachel wie die Weibchen haben sie allerdings nicht.

HELFEN DIE DROHNEN MIT? Die Drohnen übernehmen keine der vielen Aufgaben im Bienenvolk. Mehr noch: Sie können sich nicht einmal selbst versorgen und Nektar aus einer Blüte holen, sondern müssen darauf warten, dass die Arbeiterinnen sie füttern. Die ausgewachsenen Drohnen fliegen täglich aus, um eine herumfliegende junge Bienenkönigin zu finden, mit der sie sich paaren können.

Drohnensammelplätze

Drohnen, die auf der Suche nach einer jungen Bienenkönigin sind, versammeln sich an bestimmten Orten. Dort treffen dann die Drohnen aller Bienenvölker im Umkreis ein. Kommt eine Königin dazu, findet die Paarung in der Luft statt.

WAS IST EINE DROHNENSCHLACHT?

Spätestens im Spätsommer müssen alle männlichen Bienen den Bienenstock verlassen. Es wäre viel zu viel Arbeit für die Arbeiterinnen, alle Drohnen im Winter zu versorgen. Nahrung ist schließlich knapp, wenn draußen eisige Temperaturen herrschen. Deshalb werfen die Bienenweibchen die Drohnen eines Tages einfach aus dem Stock. Dabei geht es manchmal ganz schön grob zu, denn die Drohnen wollen gar nicht raus. Dieses Ereignis heißt „Drohnenschlacht".

Etwa im August beginnt das Bienenvolk zu schrumpfen. Dann sterben nach und nach die Sommerbienen und das Volk bereitet sich auf den Winter vor. Da die Drohnen keine Nahrung sammeln und es auch keine Königin mehr zu befruchten gibt, haben sie keinen Nutzen mehr für das Bienenvolk. Draußen vor dem Stock warten allerdings schon viele hungrige Vögel darauf, dass die Drohnenschlacht beginnt.

Die Arbeiterinnen drängen die männlichen Bienen aus dem Stock. Dabei lassen sie nicht locker.

Gleich mehrere Arbeiterinnen stürzen sich gemeinsam auf einen einzelnen Drohn. Wenn dieser den Stock dann verlässt, kommt er nicht mehr an den Wächterinnen vorbei und muss draußen bleiben.

WOFÜR SIND BIENEN WICHTIG?

Ohne Bienen könnten sich viele Pflanzen nicht vermehren. Denn häufig muss dafür der Pollen einer Blütenpflanze auf eine andere übertragen werden. Nur dann wird eine Pflanze bestäubt und kann Früchte oder Samen bilden. Manche Pflanzen machen sich den Wind zunutze. Der weht den Blütenstaub von der Blüte herunter.

Mit ein bisschen Glück ist eine andere Blüte in der Nähe, auf der der Pollen landen kann. Doch nicht alle Blumen lassen sich mit so einer Windbestäubung befruchten. Manche brauchen Bienen – nicht nur Honigbienen, sondern auch Wildbienen oder Hummeln.

BESTÄUBUNG DES APFELBAUMES

KNOSPE

Die Knospen des Apfelbaumes sind im Winter ganz klein und eng geschlossen. Im Frühling öffnen sie sich, damit Blätter und Blüten wachsen können.

BLÜTE

Die Blüten locken mit ihrem süßen Nektar Insekten an. Manche davon bringen Pollen von anderen Blüten mit. Gelangt Pollen von einer Blüte der gleichen Pflanzenart auf die andere, findet die Bestäubung statt.

NACH DER BLÜTE

Aus einer bestäubten Blüte kann eine Frucht wachsen. Die sieht bei jeder Pflanze anders aus. Manche bilden winzige Samen, andere tragen Früchte mit viel Fruchtfleisch.

APFEL

Apfelbäume tragen süße Früchte. Viele Tiere und auch Menschen mögen die Äpfel. Die Samen des Baumes sitzen im saftigen Fruchtfleisch, in der Mitte des Apfels.

BESTÄUBUNG Nicht nur Bienen können Bestäuber sein. Pollen kann auch durch Wind, Wasser oder andere Tiere wie Schmetterlinge, Schwebfliegen oder Käfer übertragen werden.

Pollen-Lieferant

Viele Blüten können nur bestäubt werden, wenn ein Tier den Pollen von einer Blüte zur anderen transportiert. Im Pelz einer Honigbiene oder Hummel bleibt besonders viel Pollen hängen. Und da sie nacheinander verschiedene Blüten anfliegt, gelangt der Pollen von Blume zu Blume.

DIE BESTÄUBUNG

Hummeln mögen den Nektar des Wiesensalbeis besonders gerne. Das macht sich die Pflanze zunutze. Im Laufe ihrer Entwicklungsgeschichte haben sich die Salbeiblüten immer wieder in ihrer Form verändert. Heute sind sie kleine Meisterwerke: Wenn die Hummel eine Blüte anfliegt, sieht sie, dass der untere Teil der Blüte eine richtige Landefläche ist. Das Gewicht der Hummel drückt die Blüte nach unten. Wenn sie sich nach vorne neigt, werden automatisch die Staubbeutel mit dem Pollen auf den Rücken der Hummel gedrückt. Die Hummel wird mit Pollen eingestaubt und nimmt ihn später mit. Davon haben beide etwas: Die Hummel erhält Nahrung und der Salbei verbreitet seinen Pollen.

Die Blüte des Wiesensalbeis hat eine Form, die bestens dafür geeignet ist, den Pollen mithilfe von Hummeln und Bienen zu verbreiten. Denn die Blütenform sorgt dafür, dass der Pollen gezielt auf dem Insekt landet.

Honigbienen transportieren den Pollen als Klümpchen an den Beinen zum Bienenstock. Doch auch an ihrem Pelz bleibt viel Blütenstaub hängen.

Die Biene stört es nicht, wenn sie sich in enge Blüten zwängen muss – auch wenn der Nektar ganz unten zu finden ist. Für die Blume ist es gut, wenn die Biene ganz in die Blüte hineinkriechen muss. Denn dann bleibt besonders viel Pollen im Bienenpelz hängen.

Blütenpollen

Blütenpollen ist auch für Menschen gesund. Man kann ihn in manchen Supermärkten kaufen und später in sein Müsli mischen.

BRAUCHEN BIENEN SCHUTZ?

Bienen benötigen Nektar und Pollen zum Überleben. Dabei landen sie häufig auch auf Pflanzen, die manche Menschen nicht mögen und die sie als Unkraut bezeichnen. Auf vielen Feldern und sogar in Gärten werden Unkrautvernichter versprüht, damit bestimmte Pflanzen dort nicht wachsen. Doch auch Mittel gegen Schädlinge landen oft auf Pflanzen. Damit kommen die Bienen in Berührung. Und obwohl sie gar keine Schädlinge sind, können sie an den Mitteln sterben oder davon krank werden.

Auch andere Probleme machen es den Bienen schwer. In manchen Gärten wachsen Pflanzen, die wunderschöne, auffällige Blüten tragen. Doch keine davon enthält Nektar. Solche Pflanzen eignen sich natürlich nicht als Nahrungsquelle. Die Bienen wissen das aber nicht und verschwenden viel Zeit und Kraft beim Anflug auf die leeren Blüten. Pflanzen, die Bienen Nahrung liefern, heißen auch „Bienenweide".

WEISSE NARZISSE

Die Weiße Narzisse ist eine der ersten Pflanzen, die im Frühling blühen. Bienen, die das erste Mal ausschwärmen, finden hier gleich zu Jahresbeginn Nahrung. Die Blüten duften stark und produzieren viel Nektar.

WILDROSE

Die Blüten der Wildrose bieten Bienen und anderen Insekten viel Pollen. Zwischen ihren Zweigen finden Vögel und Kleintiere Unterschlupf.

FALSCHE KAMILLE

Die Falsche Kamille bildet nur wenig ätherische Öle. Sie duftet daher kaum, ist aber trotzdem eine gute Futterpflanze für Wildbienen.

GLOCKENBLUME

Manchmal suchen Wildbienen ganz gezielt nach bestimmten Pflanzenarten. Wonach die Glockenblumen-Scherenbiene oder die Glockenblumen-Sägehornbiene sucht, steckt schon in ihrem Namen.

HORNKLEE

Da der Hornklee besonders viel Nektar und Pollen produziert, ist er bei Bienen besonders beliebt. Mehr als fünfzig Wildbienenarten finden hier Nahrung.

SCHWARZE KÖNIGSKERZE

Die Schwarze Königskerze wächst an Böschungen, Straßen und Wegrändern. Sie kann bis zu 150 Zentimeter hoch und mehrere Jahre alt werden.

AUSDAUERNDES SANDGLÖCKCHEN

Das Ausdauernde Sandglöckchen liefert viel Nektar. Es ist eher unempfindlich und kann sogar auf steinigen Böden wachsen.

STOCKROSE

Die Gewöhnliche Stockrose stammt ursprünglich vom Balkan oder aus Süditalien. Es gibt sie in vielen verschiedenen Farben, weshalb sie gerne in Gärten gepflanzt wird. Doch ihr Nektar ist auch für die Bienen gut.

KARTÄUSER-NELKE

Die Kartäuser-Nelke steht besonders gerne an warmen und sonnigen Orten. Doch auch den Frost im Winter übersteht sie gut. Im Frühling treibt sie neu aus, doch erst im Sommer erscheinen die Blüten.

SCHNEEGLÖCKCHEN

Das Schneeglöckchen ist ein echter Frühblüher. Manchmal ragen seine Blüten im Frühling sogar noch aus einer Schicht Schnee heraus. Das macht der Pflanze aber nichts aus.

Bienenweide im Topf

Um Bienen zu helfen, brauchst du gar nicht viel. Fülle einen Blumentopf mit Erde. Säe eine Samenmischung hinein, die sich für Bienen eignet. Du findest sie im Gartenmarkt unter Bezeichnungen wie „Bienenweide“ oder „Bienenfreundliche Pflanzen“. Stelle den Topf auf den Balkon, in den Garten oder gesichert auf ein Fensterbrett.

WILDBIENEN – DIE WILDEREN VERWANDTEN?

Neben Honigbienen und Hummeln gibt es noch mehrere Hundert andere heimische Bienenarten. Vielleicht hast du schon mal gehört, wie jemand über „Wildbienen" gesprochen hat. Damit sind häufig die vielen unterschiedlichen Bienenarten gemeint, die nicht zur Gruppe der Hummeln gehören und keine Honigbienen sind. Wildbienen leben oft allein statt in einem Bienenstock. Einen Imker oder eine Imkerin haben die meisten Wildbienen noch nie gesehen. Denn ihr Leben sieht ganz anders als das der Honigbienen aus.

Weil diese Wildbienen solitär, also allein leben, nennt man sie auch Solitärbienen.

WO LEGEN WILDBIENEN IHRE EIER AB?

So vielfältig wie die einzelnen Wildbienenarten, so unterschiedlich ist auch der Platz, an dem sie Eier ablegen. Viele Wildbienen suchen sich einen geeigneten Platz und lassen die Eier dort allein. Anders als Honigbienen füttern Wildbienen ihren Nachwuchs nicht direkt, sondern indem sie Vorräte anlegen. Heranwachsen müssen die Bienenlarven ohne ständige Pflege. Zum Beispiel so:

Hier siehst du, wie sich die Larven der Mauerbiene in ihren Kammern im Innern eines hohlen Stängels entwickeln. In der Natur wachsen allerdings alle Bienenkinder gleich schnell und sind ungefähr gleich alt.

Die Sandbiene gräbt eine unterirdische Brutröhre. Diese hat einen langen Gang und viele kleine Kammern. Bevor die Sandbiene ihre Eier ablegt, sammelt sie für jede Brutkammer ein kleines Häufchen Pollen. Dann legt sie ein Ei daneben. Wenn die Larve schlüpft, hat sie gleich etwas zu fressen.

Wenn du eine Biene am Eingang zu einem unterirdischen Nest siehst, kann es keine Honigbiene sein. Es könnte aber eine Wildbiene oder sogar ein Bienenwolf sein. Das ist eine Wespenart.

Wollbienen haben ihren Namen von der Art und Weise, wie sie ihren Nachwuchs schützen. Die Bienen bauen Wollnester aus Pflanzenfasern.

Die Furchenbiene legt eine ganze Nestanlage im Boden an. In der mehrzelligen Wabe wachsen die Larven zu Bienen heran.

Augen auf!

Schau dich beim nächsten Spaziergang im Frühling und Sommer genau um. Suche den Sandboden nach kleinen Löchern ab. Lege dich dort auf die Lauer – aber nicht zu dicht! Kannst du eine Biene sehen, die das Loch im Boden anfliegt? Dann könnte es sein, dass du einen Wildbienen-Bau mit Nistkammern gefunden hast.

WER IST WER?

Mehr als 600 verschiedene Wildbienenarten fliegen durch Gärten, Wiesen und Parks. Die kleinste Art ist nur wenige Millimeter groß, die größte etwa drei Zentimeter. Anders als Honigbienen ziehen Wildbienen ihre Nachkommen nicht in einem Bienenstock groß.

Viele Arten nisten im Boden, andere legen Brutröhren in hohlen Pflanzenstängeln an oder legen ihre Eier an toten Bäumen ab. Für die Bestäubung der Pflanzen sind sie wichtige Helfer.

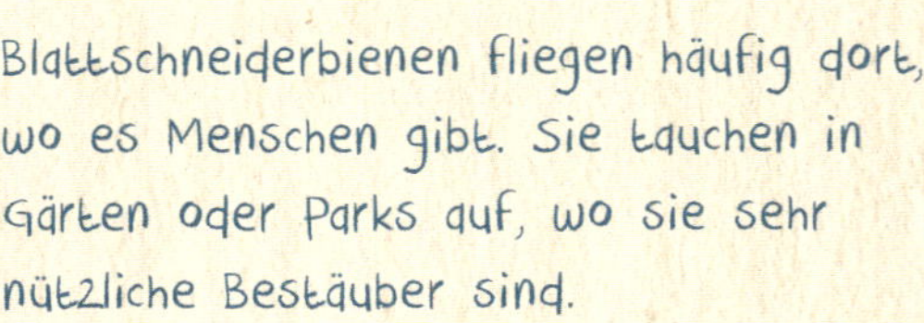

Insektenkörper sind in drei Teile gegliedert: Kopf, Brust und Hinterleib. Bei der Blattschneiderbiene siehst du die Dreiteilung deutlich. Bei anderen Insekten können Teile zusammengewachsen sein.

Die meisten Blattschneiderbienen sammeln vielfältige Pollen. Einige sind aber auf spezielle Pflanzen angewiesen: Sie sammeln nur dort Pollen.

Der Hinterleib der Blattschneiderbiene ist oben flach. Auf der Unterseite trägt sie bürstenartige Haare, die man an ihrer bunten Farbe erkennt. Mit dieser Bauchbürste sammelt die Biene den Pollen.

Blattschneiderbiene

Größe: 14 Millimeter
Nahrung: Nektar und Pollen
Brutort: Lehmwände, Boden, Böschungen
Besonderheiten: Blattschneiderbienen nutzen manchmal auch Mauerfugen oder hohle Pflanzenhalme als Brutort. Am liebsten mögen sie aber lehmige Erde an Steilwänden.

(1) Die Blattschneiderbiene schneidet mit ihren Mundwerkzeugen Blattstücke aus.

(2) Sie transportiert das Blattstück im Flug zwischen ihren Beinen.

(3) Für ihre Niströhre braucht sie mehrere Blattstücke.

(4) Die Biene „tapeziert“ die gesamte Innenwand ihrer Brutröhre, bevor sie ihre Eier ablegt.

Wählerisch!

Die Schneckenhaus-Mauerbiene legt ihre Eier nur in Häuser bestimmter Schneckenarten. Darunter auch, wie auf dieser Seite, die Schnirkelschnecke oder Hain-Bänderschnecke.

Diese Wildbienen leben in Höhenlagen bis zu 2000 Metern. Sie sind manchmal auch in den Alpen zu sehen.

Fast der ganze Körper der Biene ist schwarz. Durch den andersfarbigen Hinterleib sieht sie deshalb ein bisschen aus wie eine Steinhummel.

Schneckenhaus-Mauerbienen fliegen schon früh im Jahr. Ab März sind die ersten Tiere draußen zu sehen. Nach der Paarung suchen sich die Weibchen einen geeigneten Nistplatz.

Der Hinterleib der Schneckenhaus-Mauerbiene ist rostrot behaart. Das Haarkleid ist bei den Weibchen leuchtender als bei den Männchen.

Zweifarbige Schneckenhaus-Mauerbiene

Größe: 10 Millimeter
Nahrung: Nektar und Pollen
Brutort: Schneckenhaus
Besonderheiten: Die Zweifarbige Schneckenhaus-Mauerbiene hat ihren Namen wegen ihrer Färbung. Sogar ihr wissenschaftlicher Name lautet so: *Osmia bicolor*. „Bicolor" bedeutet zweifarbig.

Mit ihren kräftigen Beinen kann die Mauerbiene unbewohnte Schneckenhäuser umdrehen. Eignet sich ein Schneckenhaus als Nistort, legt die Biene ihre Eier hinein.

(1) Bevor sie ein Ei ins Schneckenhaus legt, trägt die Biene Pollen hinein. Dieser ist die Nahrung für die Bienenlarve, die später im Schneckenhaus aus dem Ei schlüpft.

(2) Hat die Biene ein Schneckenhaus gefunden, beklebt sie die Außenseite mit Blätterbrei. So legt sie sich Baumaterial für die Brutkammern bereit.

WER IST WER?

Welcher Text gehört zu welcher Biene? Lies dir die Beschreibungen durch und überlege, zu welcher Biene sie passen. Zeichne dann einen Pfeil von jeder Beschreibung zur richtigen Biene.

Hosenbiene

Größe: 15 Millimeter
Nahrung: Nektar und Pollen, vor allem von Korbblütlern
Brutort: Löcher im Boden
Besonderheiten: Mehrere Weibchen legen ihre Nester in der Nähe voneinander an. So entstehen ganze Ansammlungen von Gängen im Boden. Bruttöhren können länger als ein halber Meter werden.

Diese Wildbiene trägt weniger Körperhaare als andere Bienen. Dadurch sieht sie ein bisschen aus wie eine Ameise. Ihr Name stammt von einem auffälligen Muster im Gesicht, das sich gut von der dunklen Grundfarbe abhebt.

Maskenbiene

Größe: 10 Millimeter
Nahrung: Pollen und Nektar
Brutort: Nischen und Spalten zwischen Steinen
Besonderheiten: Maskenbienen haben keine Sammelhaare an den Hinterbeinen. Sie transportieren Nektar und Pollen, indem sie ihn verschlucken und in einer Ausstülpung im Körper, dem Kropf, sammeln.

Diese Biene heißt genau wie sie aussieht: Ihr auffälliger Pelz gab ihr ihren Namen. Die Männchen sind einfarbig, während die Weibchen die gleiche Farbe wie die Männchen nur auf der Oberseite tragen. Der Bauch und die Beine sind schwarz.

Rotpelzige Sandbiene

Größe: 14 Millimeter
Nahrung: Nektar und Pollen
Brutort: im Boden
Besonderheiten: Diese Biene gräbt ihre Brutgänge sogar mitten in der Stadt – im Boden zwischen Pflastersteinen.

Diese Biene erhielt ihren Namen wegen der extra langen Sammelhaare an ihren Hinterbeinen. Diese geben ihr ein etwas lustiges Aussehen – als würde sie eine Hose tragen. An der Haaren bleibt besonders viel Pollen haften.

Die Männchen dieser Wildbiene tragen harte Dornen am Ende ihres Hinterleibs. Wenn sie andere Insekten aus ihrem Revier vertreiben wollen, fliegen sie auf sie zu. Dann strecken sie ihren Hinterleib nach vorne und rammen ihren Gegner.

Große Wollbiene

Größe: Weibchen 12 Millimeter, Männchen 16 Millimeter
Nahrung: Pollen und Nektar
Brutort: Wollnester
Besonderheiten: Wollbienen-Männchen vertreiben andere Insekten aus ihrem Revier.

Buckelbiene

Größe: 14 Millimeter
Nahrung: Nektar
Brutort: Nester fremder Wildbienen
Besonderheiten: Buckelbienen sammeln keinen Pollen. Als Parasiten müssen sie ihren Nachwuchs nicht selbst versorgen. Das erledigen die Wirtsbienen.

Diese besonders große Wildbiene hat nicht nur eine auffällige Farbe, sondern auch einen interessanten Nistort. Das Weibchen nagt mit seinen Mundwerkzeugen Gänge in morsches Holz. Dorthinein legt es anschließend die Eier.

Diese Wildbiene wird während der Brutzeit genau beobachtet – von Buckelbienen. Diese warten nämlich nur darauf, dass sie ihre Eier ins Nest dieser Biene legen können. Heimlich natürlich.

Mörtelbiene

Größe: 17 Millimeter
Nahrung: Nektar und Pollen
Brutort: Felsen, Hauswände
Besonderheiten: Männchen haben helle Flügel.

Blaue Holzbiene

Größe: 28 Millimeter
Nahrung: Nektar und Pollen
Brutort: morsches Holz
Besonderheiten: Die auffällige Farbe der Biene ist unverwechselbar. Im richtigen Licht schimmert sie blau-schwarz-lila.

Das Weibchen dieser Biene baut ein Nest aus Steinchen und Lehm. Die Erde benutzt es als Mörtel, mit dem das Nest zusammengeklebt wird. In einem Mörtelnest wachsen manchmal mehr als zehn Jungbienen heran. Jedes Ei liegt in einem Vorrat aus Blütenpollen, der später zur Nahrung der Larven wird.

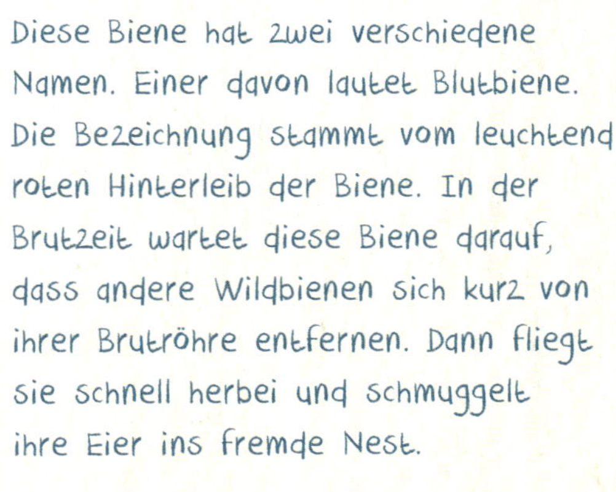

Diese Biene hat zwei verschiedene Namen. Einer davon lautet Blutbiene. Die Bezeichnung stammt vom leuchtend roten Hinterleib der Biene. In der Brutzeit wartet diese Biene darauf, dass andere Wildbienen sich kurz von ihrer Brutröhre entfernen. Dann fliegt sie schnell herbei und schmuggelt ihre Eier ins fremde Nest.

Gelbbindige Furchenbiene

Größe: 15 Millimeter
Nahrung: Nektar und Pollen
Brutort: lehmhaltiger Boden
Besonderheiten: Furchenbienen graben Niströhren, die mehr als einen halben Meter tief in den Boden ragen.

EIN ZUHAUSE FÜR WILDBIENEN

Vielleicht hast du schon einmal eines dieser Wildbienenhotels gesehen, die man fertig zusammengebaut kaufen kann. Häufig sind das kleine Häuschen aus Holz mit vorgebohrten Löchern. Was viele Menschen nicht wissen: Nicht alle „Wildbienenhotels" sind auch wirklich gut für Wildbienen. Einige können sogar schädlich sein. Doch mit ein bisschen Wissen und einem guten Auge für Feinheiten kannst du bald die guten von den schlechten Häuschen unterscheiden. Mit etwas Geschick kannst du sogar Wildbienenhotels selber bauen.

WAS BRAUCHT EINE GUTE NISTHILFE FÜR WILDBIENEN?

DIE RICHTIGEN LÖCHER. Sind diese zu groß, kann die Wildbiene darin sitzen und es ist oben und an den Seiten noch viel Platz. Für eine Brutröhre ist das zu groß. Zu kleine Löcher eignen sich aber auch nicht. Die Biene muss bequem hineinschlüpfen und rückwärts wieder hinauslaufen können.

GLATTE GÄNGE IM RICHTIGEN HOLZ. Leuchte mal mit einer Taschenlampe in die vorgebohrten Löcher hinein. Die Seitenwände müssen ganz glatt sein! Wenn Holzsplitter in die Röhre hineinragen, kann die Wildbiene nicht daran vorbeikrabbeln. Noch schlimmer: Sie könnte sich an den empfindlichen Flügeln verletzen.

LÖCHER – ABER NICHT ZU VIELE. Werden die Löcher zu dicht nebeneinander gebohrt, kann das Holz dort reißen. Dann sind die Brutröhren nicht mehr geschlossen und die Larven können sich nicht entwickeln.

RICHTIG TROCKENES HOLZ. Das Holz muss richtig durchgetrocknet sein, bevor Löcher hineingebohrt werden. Ist das Holz noch zu feucht, trocknet es erst später durch Wind und Sonne – dabei kann es reißen und die Brutröhren zerstören.

SONNE, ABER KEIN REGEN. Wildbienenhotels haben ein echtes Dach. Wichtig hierbei ist es, den Regenschutz lichtdurchlässig zu machen. Sonst liegt im Sommer der obere Teil des Wildbienenhotels im Schatten und die Bienen nutzen ihn nicht.

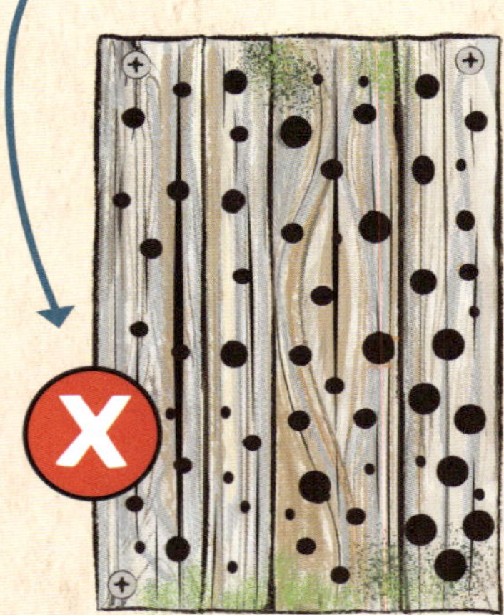

Nadelholz splittert und eignet sich nicht für Nisthilfen. Besser du nimmst Hölzer von Laubbäumen.

Angeblich eignen sich Glas- oder Kunststoffröhrchen als Ersatz für Pflanzenstängel. Das stimmt aber nicht, denn in ihnen schimmelt es schnell.

Manche Wildbienen suchen sich selbst geeignete Nistplätze in Nischen oder Ritzen. Manchmal werden auch Türschlösser oder Lüftungslöcher in Fenstern als Nistplatz genutzt.

✓ GUTES BEISPIEL FÜR EINE WILDBIENEN-NISTHILFE

Das **DACH** schützt vor Regen, beschattet aber nicht.

Holz von abgelagerten Baumstämmen mit glatten Bohrungen von der Seite. Löcher im Durchmesser von zwei bis neun Millimetern.

Der Abstand zwischen den Bohrlöchern beträgt drei bis fünf Zentimeter.

Hohle Pflanzenstängel dürfen keine ausgefransten Eingänge haben. Wenn sie waagerecht liegen, brauchen sie ausreichenden Regenschutz. Gut eignen sich Stängel von Brombeere oder Himbeere.

! **HOHLZIEGEL** saugen sich mit Wasser voll. Außerdem sind ihre Löcher zu groß.

X SCHLECHTES BEISPIEL FÜR EINE WILDBIENEN-NISTHILFE

! **ACHTUNG:** Holzstämme nie von oben bei den Jahresringen anbohren, sondern immer von der Seite. Sonst gelangt durch Risse Wasser in die Niströhren.

Nicht wichtig für ein Wildbienenhotel sind:

- Ziegelsteine mit Löchern
- Tannenzapfen
- Glasröhren
- Stroh oder Holzwolle

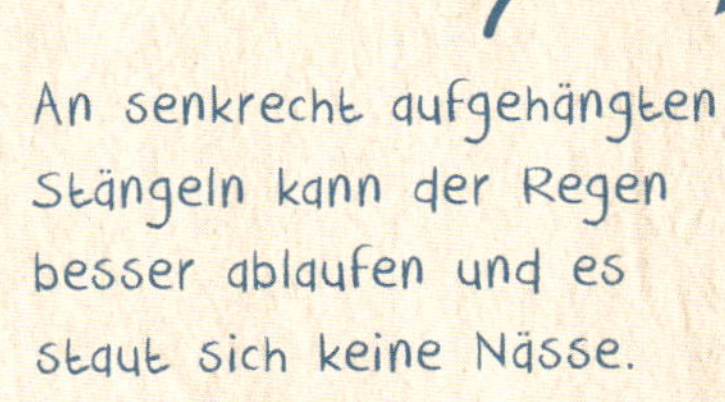

An senkrecht aufgehängten Stängeln kann der Regen besser ablaufen und es staut sich keine Nässe.

DER BIENENPFLANZEN-KALENDER

Wenn du dafür sorgen willst, dass Wildbienen möglichst lange im Jahr Nahrung finden, kannst du vielleicht ein paar geeignete Pflanzen draußen aufstellen. Manche Blüten tauchen schon früh im Jahr auf, andere erst später.

So finden die unterschiedlichen Bienenarten das ganze Jahr über Futter. Der Kalender zeigt dir, welche Blumen in den jeweiligen Monaten blühen könnten.

FINDEST DU DIE PFLANZENNAMEN?

PFLANZANLEITUNG: WILDBIENEN-BLUMENKASTEN

Du brauchst:
Einen Blumenkasten oder Blumentöpfe, Blähton, Gartenvlies, torffreie Blumenerde, Pflanzen.

1 Der Kasten braucht ein Loch

Ganz unten im Kasten oder Topf muss es ein Loch geben, damit das Gieß- oder Regenwasser abfließen kann. Sonst steht auf einmal alles unter Wasser und die Pflanzen haben es zu nass.

2 Bitte kein Nässestau

Fülle eine Schicht Blähton oder Kies als unterste Schicht ein. So kann sich kein Wasser an den Wurzeln stauen. Das schützt die Pflanzen vor Wurzelfäule.

3 Achtung: Erde haut ab!

Auf den Blähton legst du eine Schicht aus Gartenvlies. Das ist ein spezielles Gewebe, ähnlich wie Stoff, nur für Pflanztöpfe. Das Vlies verhindert, dass später Erde zwischen den Blähton rutscht und dann aus dem Blumenkasten oder Topf gespült wird.

4 Blumenerde

Wenn du Blumenerde kaufst: Schau genau hin! Kaufe Blumenerde, die torffrei ist. Denn Torf wird aus dem Boden von Mooren gewonnen. Dafür werden Moore zerstört, die einen einzigartigen Lebensraum darstellen.

Informieren, informieren …

Lies vorher nach, welche Ansprüche deine Pflanzen haben. Wie tief reichen ihre Wurzeln in den Boden? Wie hoch werden sie? Wie viel Platz brauchen sie an den Seiten? Wenn du nicht weiterweißt, kannst du im Laden oder in der Gärtnerei nachfragen.

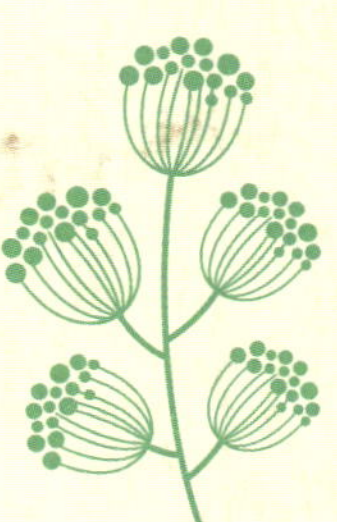

EIN GARTEN FÜR WILDBIENEN

1 Schmetterlingspflanzen, z.B. Brennnesseln, wachsen um ein Igelhaus herum.

2 Laub und Reisig als Igelwohnung

3 Igelhaus

4 Wildbienenhotel: sonnig und mit der Vorderseite nach Süden

5 Blumenwiese: Auch wilde Wiesen müssen gemäht werden. Allerdings reicht es, wenn man ihr nur einmal im Jahr mit dem Werkzeug zu Leibe rückt. Ab September heißt es deshalb: Ab mit den Halmen!

6 Wildbienenpflanzen, z.B. Falsche Kamille, Kornblumen usw.

7 Wilde Ecke: Hier einfach mal nichts machen!

8 Blumenbeet mit Stockrosen

9 Trockenmauer mit vielen Lücken

10 Zaun mit Brombeerhecke

11 Totholz: Einfach ein paar Jahre liegenlassen!

12 Blumentöpfe mit Bienenpflanzen

13 Nisthilfe für Wildbienen

14 **Quizfrage:** Reingelegt! Diese Blumen gehören hier gar nicht hin! Sie blühen nämlich nur ganz früh im Jahr. Findest du ihren Namen hier im Buch?

?!

AUCH HUMMELN SIND BIENEN!

Hummeln siehst du im Sommer häufig in der Nähe von Wiesen und Blumenbeeten. Denn genau wie ihre wilden Verwandten suchen auch Hummeln in den Blüten der Pflanzen nach Nahrung. Du erkennst sie vor allem an ihrem rundlichen Körper, dem dichten Hummelpelz und dem lauten Brummen. Hummeln gibt es in verschiedenen Arten. Jede davon ist unterschiedlich gefärbt. Hier siehst du ein paar häufige Hummelarten und lernst ihre besonderen Merkmale kennen.

Steckbrief: Dunkle Erdhummel

Kopf: schwarz
Brust: gelb-schwarz gestreift
Hinterleib: schwarz-gelb-schwarz-weiß
Besonderheiten: Manche *Dunklen Erdhummeln* haben einen gelben Streifen hinter dem Kopf. Bei anderen Tieren fehlt er. Der Hummelpo ist aber immer weiß.

Steckbrief: Gartenhummel

Kopf: schwarz
Brust: gelb-schwarz-gelb gestreift
Hinterleib: gelb-schwarz-weiß
Besonderheiten: Die *Gartenhummel* ist leicht mit der Dunklen Erdhummel zu verwechseln. Achte mal drauf: Gartenhummeln haben auf ihrem Brustpanzer zwei gelbe Streifen und auf dem Hinterleib einen weiteren. Insgesamt also drei gelbe Streifen.

Steckbrief: Steinhummel

Kopf: schwarz
Brust: schwarz
Hinterleib: schwarz-orange
Besonderheiten: Der Körper der *Steinhummel* ist schwarz. Nur das Ende des Hinterleibs ist dunkelorange. Wenn der Hummelpo stattdessen hellbraun ist, hast du wahrscheinlich eine *Wiesenhummel* vor dir. Steinhummelmännchen tragen zusätzlich einen gelben Streifen auf der Brust.

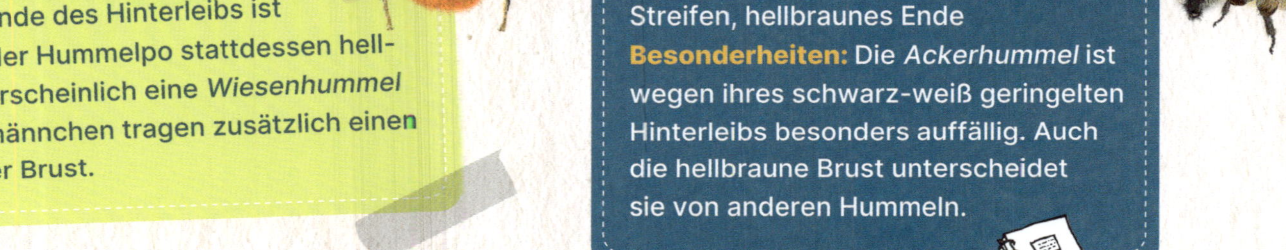

Steckbrief: Ackerhummel

Kopf: schwarz
Brust: hellbraun
Hinterleib: dünne schwarz-weiße Streifen, hellbraunes Ende
Besonderheiten: Die *Ackerhummel* ist wegen ihres schwarz-weiß geringelten Hinterleibs besonders auffällig. Auch die hellbraune Brust unterscheidet sie von anderen Hummeln.

Lies die Steckbriefe der Hummeln. Male die Hummeln in der richtigen Farbe an.

Findest du den Weg? Such den Weg durchs Labyrinth!

Schnappe dir einen Stift und zeichne eine Linie von der Ackerhummel bis zur Blumenwiese.

WO LEBEN HUMMELN?

Hummeln leben in Staaten, genau wie Honigbienen. Ein Hummelvolk ist allerdings deutlich kleiner als ein Honigbienenvolk. Manche Hummelvölker beherbergen sogar nur zehn bis fünfzehn Tiere und sind somit viel kleiner als eine Schulklasse. Andere sind das Zuhause von mehreren Hundert Tieren. Normalerweise lebt ein Hummelvolk nur einen Sommer lang. Jungköniginnen, die sich bereits gepaart haben, überwintern, um im nächsten Jahr ein neues Volk zu gründen. Im Nest leben dann neben den jungen Königinnen auch Arbeiterinnen und Drohnen.

LEBENSZYKLUS EINER DUNKLEN ERDHUMMEL

1 Die Hummelkönigin überwintert an einer geschützten Stelle. Sie wurde im vorigen Jahr begattet und sucht im Frühling einen Platz für ein neues Nest.

2 Hummelköniginnen sind die allerersten Hummeln, die im Frühling nach Nahrung suchen. Du erkennst sie daran, dass sie besonders groß sind.

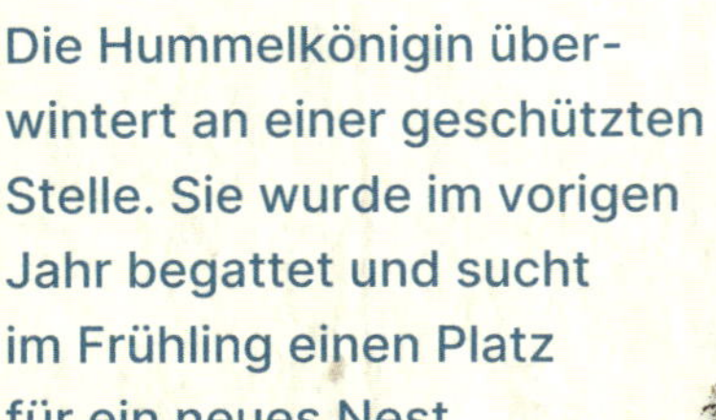

3 Die Hummelkönigin nistet häufig in verlassenen Mäusenestern. Den Eingang kundschaftet sie im Frühling aus.

4 Die ersten Eier legt die Hummelkönigin in eine selbst gebaute Zelle aus Wachs. Dann brütet sie diese aus und füttert die Larven.

5 Sind genug Hummel-Arbeiterinnen herangewachsen, übernehmen sie die weitere Versorgung mit Pollen und Nektar.

6 Ein Hummelvolk lebt etwa ein halbes Jahr. Dann werden die Jungköniginnen begattet, die sich für den Winter einen sicheren Rückzugsort suchen.

Schneller zum Ziel

Wenn es um Nahrung geht, verlieren Hummeln keine Zeit. Manchmal machen sie sich gar nicht erst die Mühe, umständlich in eine Blüte hineinzukrabbeln, um an den Nektar heranzukommen. Wenn du eine Blüte mit einem kleinen Loch an der Seite siehst, kann es sein, dass du das Fraßloch einer Hummel gefunden hast. Diese hat sich ihre Nahrung einfach von außen geholt.

Rate mal!

Wie alt wird eine Arbeitshummel?

Vier Wochen
Vier Monate
Vier Jahre

EIN PLATZ FÜRS HUMMELNEST

Hummeln brauchen einen geschützten Platz für ihr Nest. Sobald es im Frühling wärmer wird, erwacht die Hummelkönigin aus ihrer Winterstarre. Dann geht sie auf die Suche nach einem verlassenen Mauseloch, einer Spalte im Boden oder einer anderen geeigneten Stelle. Noch ist die Hummelkönigin allein. Das Hummelvolk kann erst wachsen, wenn sie einen sicheren Platz gefunden hat, an dem sie ihre Eier ablegen kann.

Dazu sammelt sie Nektar und Pollen, die sie zusammenklebt. So entsteht das sogenannte „Bienenbrot". Darauf baut sie eine Kammer aus Wachs, in die sie ihre Eier legt. Diese Zelle ist der Beginn für den neuen Hummelstaat. Weiches Pflanzenmaterial wie Moos und Stroh umhüllt die Waben.

Achtung!

Weibliche Hummeln können stechen! Doch genau wie Bienen wehren sie sich vor allem dann, wenn sie sich bedroht fühlen.

Rate mal!

Was sind Pheromone?

Duftstoffe der Königin

Eine Art Käfer

Hummelnahrung

?!

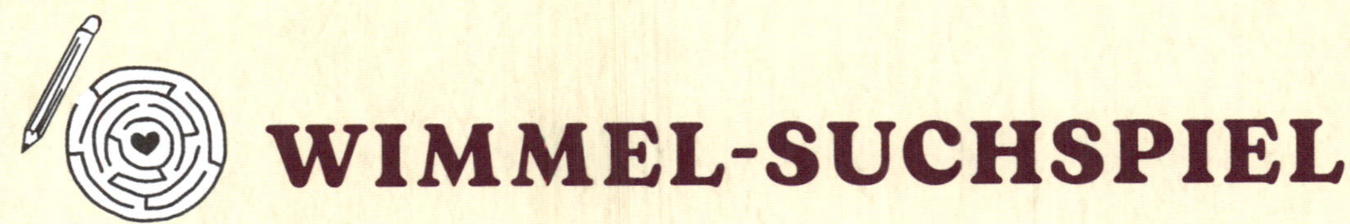

WIMMEL-SUCHSPIEL

Schau genau hin! Jede dieser Bienen findest du irgendwo in diesem Buch. Findest du sie alle und kannst sie zuordnen? Blättere zurück und begib dich auf die Suche! Die Seitenzahl schreibst du ganz einfach in das leere Kästchen.

Seite:

Seite:

Seite:

Seite:

Seite:

Seite:

Seite:

Seite:

Seite:

Seite:

Seite:

Seite:

Seite:

Seite:

Seite:

Seite:

Seite:

Seite:

Seite:

Seite:

Seite:

Seite:

Seite:

Seite:

Seite:

Rekorde!

Eine Honigbiene kann an einem Tag bis zu **1000 Blüten bestäuben**.

Die Bienenkönigin legt pro Jahr mehr als **100.000 Eier**.

In einem Bienenstock können **60.000 Bienen** leben.

Männliche Honigbienen leben nur kurz: höchstens **50 Tage**.

Honigbienen können im Flug acht Meter pro Sekunde zurücklegen. Das sind **29 km pro Stunde**.

BIENEN-QUIZ

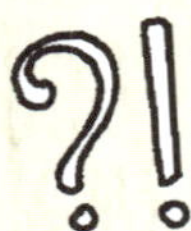

In diesem Quiz geht es um Bienen, Bienen und nochmal Bienen. Egal ob Honigbienen, Wildbienen oder Hummeln – die Antworten auf alle Fragen findest du in diesem Buch. Teste dein Wissen und vor allem: Viel Spaß!

Welche Hummel ist schwarz und hat einen orangefarbenen Hinterleib?

- ◯ Gartenhummel
- ◯ Ackerhummel
- ◯ Steinhummel

Welche Blütenfarbe hat die Falsche Kamille?

- ◯ Weiß-gelb
- ◯ Blau-weiß
- ◯ Pink

Ein anderes Wort für Biene lautet …

Wovon hängt es ab, welche Farbe Honig hat?

- ◯ Von den Pflanzen, von denen der Nektar stammt.
- ◯ Davon, welche Biene ihn gesammelt hat.
- ◯ Von der Größe des Bienenstocks.

Schau dir die Nahrungspflanzen für Wildbienen noch mal an.

Welche findest du am schönsten?

Welche Wildbiene ist das?

Welche dieser Bestandteile sind für ein Wildbienenhotel nicht geeignet?

- ◯ Angebohrtes, trockenes Holz mit glatten Löchern
- ◯ Ziegelsteine
- ◯ Stängel von Brombeere oder Himbeere
- ◯ Tannenzapfen

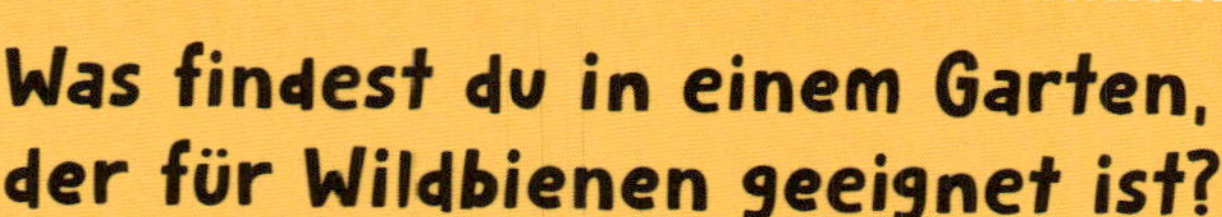

Was findest du in einem Garten, der für Wildbienen geeignet ist?

Schreibe drei Dinge auf!

Welche Aufgabe übernimmt eine junge Honigbiene als Erstes?

Schreibe es auf!

Wie nennt man eine männliche Honigbiene?

?!

Gehören Hummeln zu den Bienen?

- Ja
- Nein
- Nur manche

Im Spätsommer werfen die Honigbienen alle männlichen Bienen aus dem Stock. Wie heißt dieses Ereignis?

- Stockputzen
- Königinnenkampf
- Drohnenschlacht

Honigbienen zeigen mit ihrem Tanz …

- Position der Nahrung
- den Sonnenstand
- ihre Laune

Woher hat die Hosenbiene ihren Namen?

- Von den langen Beinhaaren
- Vom Muster auf dem Rücken
- Von ihrem Verhalten

RÄTSELLÖSUNGEN

Seite 4

Welches Tier ist eine Biene?

Folgende Insekten sind Bienen:

Seite 5

Nützliche Bienenprodukte

Honig, Bienenwachs,
Gelée royale, Propolis

Seite 9

Warum sind Wabenzellen sechseckig?

Weil für sechseckige Zellen am wenigsten Wachs benötigt wird.

Seite 14

Rate mal!

Wie viele Eier legt eine Bienenkönigin pro Tag? 2000

Seite 18

Rate mal!

Wie alt wird eine Arbeitsbiene? 40 Tage

Seite 32/33

Seite 36

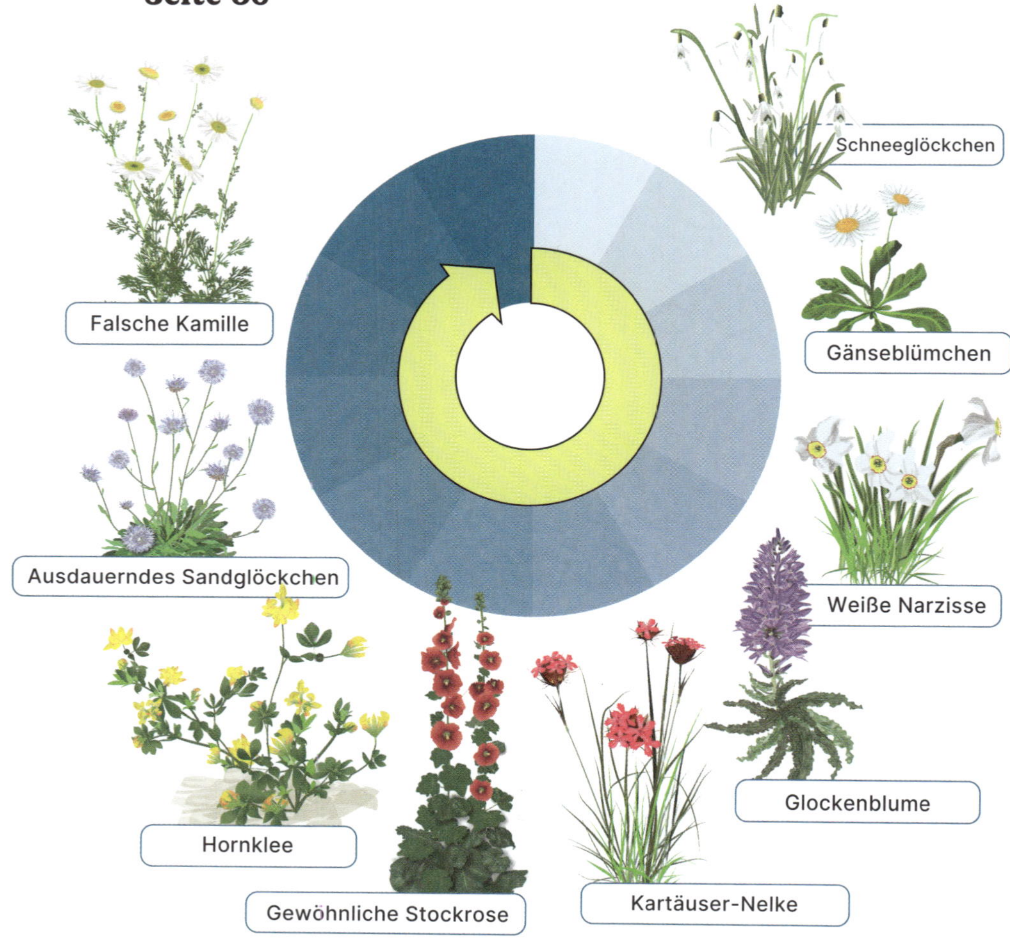

Seite 39

Reingelegt! Die Lösung lautet: Schneeglöckchen

Seite 41

Seite 42

Rate mal!

Wie alt wird eine Arbeitshummel?
Vier Monate

Seite 43

Rate mal!

Was sind Pheromone?
Duftstoffe der Königin

Seite 44/45

Seite 46/47

Bienenquiz

Welche Hummel ist schwarz und hat einen orangefarbenen Hinterleib? Steinhummel

Welche Blütenfarbe hat die Falsche Kamille?
Weiß-gelb

Ein anderes Wort für Biene lautet: Imme.

Wovon hängt es ab, welche Farbe Honig hat?
Von den Pflanzen, von denen der Nektar stammt.

Welche Wildbiene ist das?
Rotpelzige Sandbiene

Welche dieser Bestandteile sind für ein Wildbienenhotel nicht geeignet?
Ziegelsteine und Tannenzapfen

Was findest du in einem Garten, der für Wildbienen geeignet ist?
Zum Beispiel: eine Wildbienenwiese, ein Wildbienenhotel, Totholz

Welche Aufgabe übernimmt eine junge Honigbiene als Erstes?
Die Aufgabe der Putzbiene, die Waben-zellen putzt.

Wie nennt man eine männliche Honigbiene?
Drohn oder Drohne

Im Spätsommer werfen die Honigbienen alle männlichen Bienen aus dem Stock. Wie heißt dieses Ereignis?
Drohnenschlacht

Gehören Hummeln zu den Bienen?
Ja

Bienen zeigen mit ihrem Tanz ...
die Position der Nahrung

Woher hat die Hosenbiene ihren Namen?
Von den langen Beinhaaren

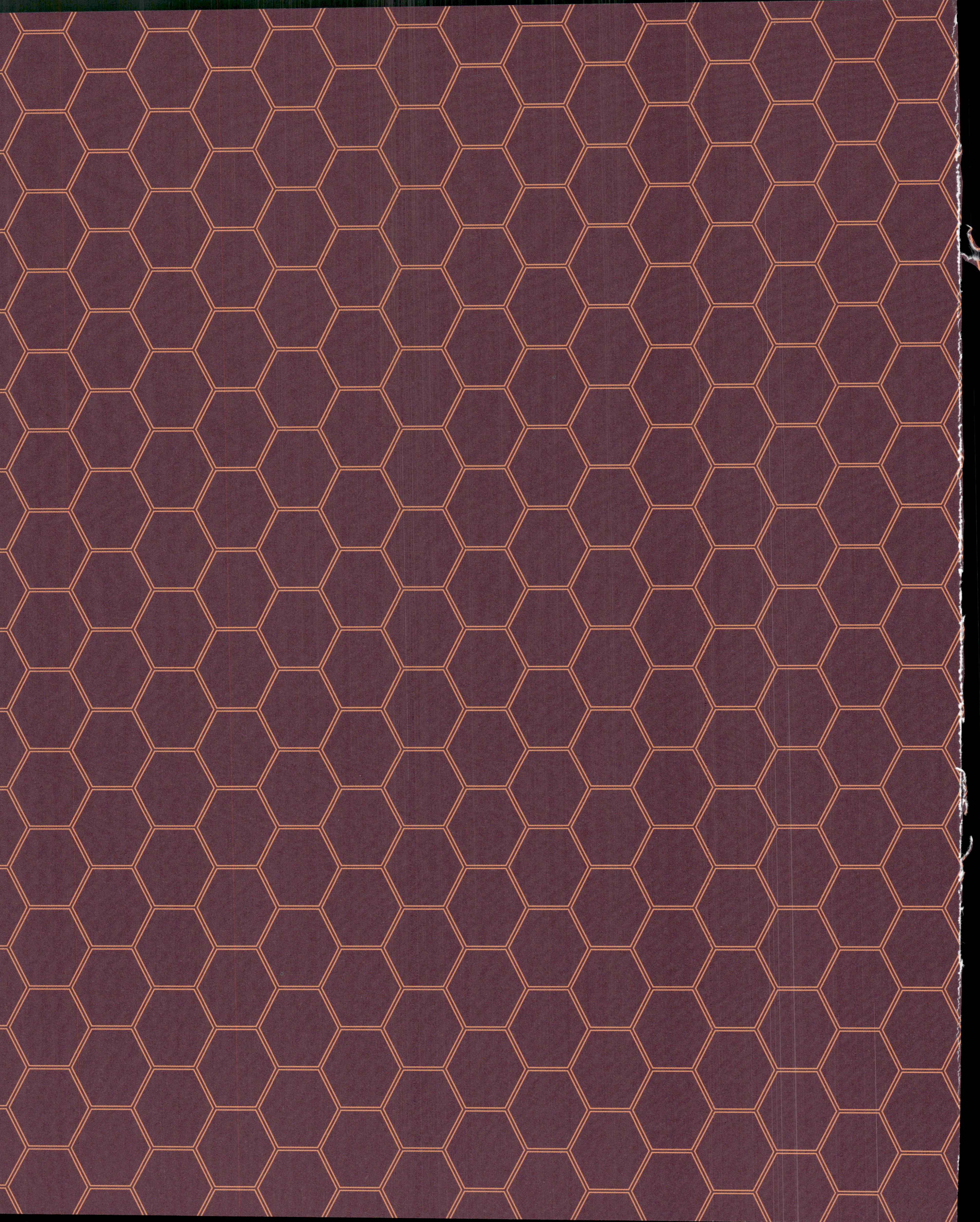